REQUIEN POR EL PODER COLECTIVO

El colapso de los sindicatos

Gabriel Moreno Jiménez

ÍNDICE

INTRODUCCIÓN

"Me parece importante que escribas sobre tu incorporación al sindicalismo, tu experiencia personal, tu vivencia en el sindicato a lo largo de los años, las ideas que te han movido, etc. Creo que tú has tenido una experiencia y unas vivencias dentro del sindicato que arrojarían mucha luz sobre la ignorancia que abunda en la sociedad en general.

Mi planteamiento es algo más personal, que hables sobre cómo llegaste a CCOO, qué sentiste en los primeros momentos, batallas ganadas y perdidas… La LPRL, por ejemplo, o anécdotas que recuerdes. Algo más personal. Que la gente sepa un poco más qué se hace dentro de un sindicato, desde el punto de vista de quien se lo ha currado. No tienes por qué criticar a nadie, y si lo haces, pues tampoco pasa nada. Son tus vivencias, tus alegrías y tus pesares". Laura Vázquez.

Cuando Laura me expresó este deseo rondaba los treinta años. Era trabajadora del sindicato. Ilusionada con su trabajo porque concebía el sindicato como un instrumento de mejora colectiva, imprescindible en cualquier sociedad construida sobre el trabajo por cuenta ajena. Inteligente y muy observadora, era consciente de que las nuevas generaciones que se incorporaban al trabajo ignoraban a los sindicatos, no creían en su fuerza colectiva, primaban la individualidad como método de resolución de los problemas laborales fueran personales o colectivos. Ella quería romper esa tendencia seduciendo a la juventud con un proyecto atractivo, ilusionante y potente conceptual e ideológicamente.

Han pasado los años y, por fin, me he puesto a escribir. Me resultaba difícil abordar una empresa semejante, más cuando yo mismo estaba perdiendo la fe en el sindicalismo, fundamentalmente por los cambios que se estaban practicando en el proceso productivo, profundos y muy rápidos. Una nueva forma de trabajar y de organizar la empresa. No creo ser capaz de complacer a Laura. Pero tengo necesidad de reflexionar sobre la etapa de mi vida laboral. Desde los años setenta del siglo pasado hasta el 2015, con nuestro mundo sumergido en una profunda crisis existencial: ruina económica, creencias inservibles, sin ideología que dé sentido a la vida y oriente en la reconstrucción de un nuevo porvenir. Alguien con más información, más sabiduría y más recursos debería dedicarle tiempo a cerrar este capítulo de la historia laboral de nuestro país, lleno de grandeza, inteligencia y esfuerzo colectivo. Cerrar esta etapa gloriosa del movimiento obrero coronándole con el laurel de los vencedores. Yo sólo puedo añadir mi granito de arena, mi pequeña experiencia personal.

Intentaré contestar a las cuestiones que me plantea y otras que van implícitas, buscando una reflexión sobre un pasado próximo y un presente incierto.

Por tanto, no será un libro de historia ni un ensayo sociológico. Sólo expondrá los acontecimientos bajo el prisma de mi visón y de mi pensamiento, que estuvo inmerso en todos estos sucesos viviéndolos intensamente en primera persona.

La cantidad de libros, publicaciones, artículos sobre desarrollo industrial, sindicalismo, tecnología, nuevas tecnologías, organización del trabajo, dirección, negociación colectiva es inmensa. Cientos de miles de página están a disposición del interesado. Por esto mismo, este escrito, no puede superar los límites de una historia personal, cómo viví un proceso histórico peculiar: fin de una civilización inicio de otra nueva.

Para continuar la historia he acudido a mi amigo Román, compañero de luchas, de ilusiones, de sueños, muchos de ellos truncados, pero siempre lleno de fe en la causa obrera, y en la clase obrera. Nada mejor que escucharle y reflexionar con él para comprender esta historia de entrega colectiva a construir un mundo de luz y conocimiento[1].

Milité siempre en CC. OO encuadrado en la "corriente sindical de izquierdas", corriente crítica con ciertos aspectos y políticas de la dirección del sindicato. Mis ideas se orientaban hacia una actitud más beligerante con el capital, los dueños de los medios de producción, persiguiendo el equilibrio y no la supeditación a los intereses del empresariado. Menos tolerante con el poder del color y naturaleza que fuera.

Nací en una familia que armonizaba muy bien las contradicciones. Una madre con profundas creencias religiosas que las vivía con convicción. Un padre ateo

---

[1] No se debe olvidar que la lucha clandestina en una dictadura exige compañeros en los que se pueda confiar con absoluta certeza. Una de las características más importantes ha de ser una gran capacidad crítica sin la cual es imposible soslayar las zanjas de la represión. Román tenía y sigue teniendo esta cualidad junto con la lealtad.

practicante. El respeto mutuo era total. Cada uno vivía sus creencias sin interferencia del otro, a no ser para recibir apoyo para una realización más plena. Colaboración, apoyo recíproco. Me asombraba, por ejemplo, ver llegar a mi padre al atardecer con ramos de flores recogidas en el campo para que mi madre las llevara a la iglesia. Una me aportó la fe en las propias ideas y el valor de vivir consecuentemente con ellas. El otro, las ansias de libertad: "estudia, y luego haz lo que quieras. La libertad es lo más hermoso que hay". Libres por encima de dioses, amos o condiciones.

En mi infancia, principio de la segunda mitad del s. XX, solían aparecer misioneros por los colegios y escuelas para contar sus historias y buscar posibles vocaciones religiosas para ir a predicar el evangelio a tierras lejanas. Por mi clase pasó uno vestido como cualquier ciudadano. Venía de Colombia. En aquella época los curas y religiosos vestían un hábito diferenciador del que empelaba la sociedad civil. Éste no se diferenciaba. No recuerdo de qué nos habló, supongo que de su vida y de los habitantes de allí. Pero no debió de ser así, pues sólo recuerdo una frase: "yo creo que las cosas son así, pero si estuviera aquí un marxista daría otros argumentos y desmontaría mis propuestas". Así que, probablemente debió de exponer algún tema entre social y religioso. Pero en mi mente quedó grabado "marxistas". En mi imaginario quedó una visión de personas inteligentes y luchadoras. Me atrapó esa idea. Tenía que conocer a esa estirpe de personas. Tenía que conocer su pensamiento. Tenía que estudiar sus ideas. No era nada fácil. No conocía a nadie. En la biblioteca había libros de ciencias, de literatura, religión, historia, pero nada de marxismo.

Aunque los hubiera no habría sabido cuáles eran si no llevaban impresa en el título esa palabra. Es una certeza que no había ningún libro de marxismo en la biblioteca, porque en aquella época reinaba una dura dictadura cuyo tirano se vanagloriaba de ser el primer vencedor del comunismo. En consecuencia, como hacen todos los vencedores, se elimina todo rastro del vencido. Yo, en aquella época, ni sabía que existía esa represión del pensamiento. Ni que la vida estaba atravesada y condicionada por algo llamado política. Sólo había un gran silencio a mi alrededor cuando preguntaba sobre este tema. Hasta que comprendí que esa cuestión era peligrosa. Callé. El silencio me permitió observar más y mejor, y comencé a ver un conflicto latente en muchos ámbitos de la vida, puesto de manifiesto en los miedos de la gente, en sus silencios y en su resignación. Mientras, crecía en mí la admiración por los "marxistas". Héroes desconocidos pero reales, enfrentándose, con la fuerza y el poder de las ideas, a la dominación social e intelectual del mundo en el que yo habitaba y que ni siquiera conocía. Pero, también, el misionero me cautivó. Su modestia al reconocer el poder intelectual de otros, adversarios de su pensamiento. Su capacidad de dudar de sí mismo, otros podían rebatir sus ideas. Su actitud de búsqueda de la verdad, seguro de que él no la poseía completamente.

Este respeto hacia el otro por diferente que sea, esta duda en las propias creencias, ideas, o principios en una permanente búsqueda de aproximación a la verdad fueron los elementos que conformaron mi actitud hacia el mundo: respeto, duda y aprendizaje con la razón como eje vertebrador.

9

Las dictaduras, poder absoluto ejercido por una persona, mata todo lo que existe, germina o intenta surgir independiente y autónomo a su dictado. Mata la vida literalmente. Pero, sobre todo, mata el espíritu. Son dos aspectos que se viven muy diferentemente. Matar la vida implica sufrimiento físico extremo. Matar el espíritu es eliminar la característica esencial del ser humano, la creatividad en todos sus órdenes, ya sean artísticos o intelectuales. Es eliminar la poesía y la sonrisa. ¿Qué sería el ser humano sin poesía? Reducir la existencia a vegetar. La dictadura es un proceso de muerte, de destrucción de todo posible desarrollo y ascenso de la vida en toda su exuberancia. Por esto no hay perdón para una dictadura. Ahora imagina la vida en un pueblo, en una pequeña comunidad, donde se ha impuesto la fuerza del control y la muerte. Donde todos son controlados por todos. Donde todos saben lo que hace y piensa el otro. Sólo existe silencio, miedo, olvido, oscuridad y misterios inexplicables. Lo mágico invade lo mental y destruye la razón. Zombis.

Pero este universo está sujeto a una ley de la que nada ni nadie, incluidas las organizaciones, puede sortear: el aumento de la complejidad. Aumenta el desorden y la incoherencia en un proceso continuo, más o menos acelerado según las épocas. Crecen sin cesar nuevas formas de existencia que devienen en acrecentamiento del caos. Perturbaciones. Fluctuaciones. Es decir, todo en la naturaleza se desarrolla, crece, expande, se hace más complejo. Todos crecemos. El entorno social se modifica inevitablemente. Al ocupar una extensión en el espacio, éste se hace pequeño y hay que buscar espacios mayores para seguir expandiéndose. No es más que la efectividad de la segunda ley de la termodinámica, crecimiento constante de la entropía. Es decir, la energía perdida aumenta por lo que se requiere la sobreestimulación para que el sistema permanezca o avance. La sociedad humana no escapa a esta ley de la física.

El pueblo creció en número de habitantes, pero no en tierras de cultivo -la extensión de cada pueblo está acotada por los límites de los colindantes-, ni en recursos. O sea, no se cabía materialmente en el pueblo. Comenzó la emigración. En consecuencia, cambios en la forma de vida y, por consiguiente, en la de pensar.

Existen leyes que rigen la naturaleza física; leyes que tutelan las relaciones humanas y sociales. Pero también hay leyes que desconocemos que intervienen en el desarrollo de los procesos mentales. Sin olvidar que somos parte de la naturaleza y que sus prescripciones nos afectan de la misma manera.

Abandoné mi pueblo con dolor, miedo y preocupación. Entré en la ciudad. Conocí a curas obreros. Seguían siendo curas al tiempo que trabajaban en algún oficio. Los conocí trabajando de braceros en los campos de Extremadura, en las minas o en la construcción. Desde esos ámbitos intentaban expandir la doctrina cristiana comprometiéndose con la liberación de la clase obrera. Anécdotas hay muchas. Desde la del cura trabajando de bracero, militando en una célula comunista, al que quisieron convencerle de que se casara con la maestra del pueblo, que resultaba ser la mujer del dirigente de la célula. Él lo ignoraba. Sus creencias fueron más fuertes que la tentación. O la del cura trabajando en la mina, de carretillero, en biquini, como él decía, o sea, con el casco y las botas. Abochornado por las blasfemias dirigidas al Espíritu Santo o a la Virgen María decidió un día ser más duro que ellos al volcársele la carretilla, soltó la mayor barbaridad posible contra el ministro de Información y Turismo. Orgulloso de haber gritado una irreverencia mucho más grande que los otros, esperaba su admiración. Sólo recibió una reprimenda: "chico, no digas esas barbaridades que vas a la cárcel. Haz como nosotros maldice cosas banales, como Dios o la Virgen". Su estrategia conversora sufrió modificaciones.

Para las personas actuales esto puede resultar curioso, pues la percepción que hoy se tiene mayoritariamente es que la Iglesia está aliada con el Poder, con la dominación. O, en el mejor de los casos, se dedica sólo a la parte espiritual del individuo, al alma. La lucha contra la dictadura y el compromiso con los olvidados de la tierra, la clase obrera, movió los corazones y las mentes por caminos extraños, incomprensible para los tiempos actuales.

A principio de la década de los sesenta, 1962, tuvo lugar el Concilio Vaticano II[2]. Gobernaba la Iglesia Católica un señor llamado Juan XXIII. A menudo se escapaba por una ventana, para escabullirse del control cardenalicio al que está sometido todo Papa, e ir a conocer a la gente de los barrios obreros de Roma. Un espíritu recorrió todo el debate en este Concilio Vaticano II: el cuerpo conceptual marxista y los avances de los nuevos conocimientos desarrollados por la ciencia. La Iglesia de base, la situada

---

[2] La Iglesia Católica periódicamente organiza concilios, juntas de obispos y eclesiásticos para tratar temas de importantes o dogmas de la Iglesia.

en las barriadas obreras, en los pueblos agrícolas y en las zonas deprimidas -no toda, pero sí una parte significativa-, comprendió que amar a Dios y cumplir sus mandamientos significaba amar al prójimo y dar la vida por él. El conjunto de ideas que surgieron tomó cuerpo en la "Teología de la Liberación". La "Palabra de Dios" adquiría otro significado desde la interpretación marxista de la realidad. Ni esclavos ni amos, todos iguales.

Se puede decir, que ésta fue la armadura con la que entré yo en el mundo real. Ideas que anidaban en lo más profundo de mi conciencia. Amor homérico por la libertad. Sacrificio y entrega absoluta para hacer un mundo digno de los seres humanos. No era el único. Ni de la entrada en la clase obrera para sí desde la teología de la liberación, ni desde el campo marxista de los partidos comunistas. Tampoco éramos muchos. Pero era una vanguardia aguerrida y luchadora, firme en las ideas.

Así fue como se configuró mi brújula vital: fe firme en la libertad; respeto al otro; conocimientos para alcanzar la libertad; modestia para dudar de las propias ideas-creencias respetando las opiniones ajenas; análisis de las ideas para conocer su concordancia con la realidad. Racionalidad-estudio-respeto para lograr la victoria en el campo ideológico allanando el terreno de la transformación social.

¿Qué me tocaba hacer? Según los curas obreros con los que me topé debía ser obrero entre los obreros. Mi procedencia era del campo. Conocía la problemática campesina de mi región; la sumisión de los campesinos pobres a los caciques locales; y la represión encubierta en todos los ámbitos: religiosos, políticos y económicos.

13

Baste un ejemplo: mi padre trabajaba durante la semana de jornalero y cuando no tenía ese trabajo se dedicaba a hacer carbón vegetal para venderlo. Los domingos trabaja su pequeño trozo de tierra. Cuando coincidía que pasaba por allí la guardia civil le obligaban a dejar el trabajo y lo llevaban a la iglesia. Era ateo convencido. Pero nunca lo vi humillado ante los demás, creo que llevaba con orgullo esa rebeldía. Yo era un crío. Es decir, veía, observaba, pero no podía componer conclusiones.

Como obrero entre los obreros comencé a trabajar en la construcción. Por no saber, no sabía ni buscar trabajo. Me recomendaron pasarme por las obras y solicitar empleo. Así lo hice. Ni ahí sabía hacer nada. El peón es el que sirve a todos. ¡Pero no sabía ni el nombre de las herramientas!

Encontré un mundo congruente con mi imaginario. Unos compañeros acogedores, unos mandos despóticos. La realidad coincidía con mis creencias. Hoy considero aquella coincidencia como anómala, pues, en el futuro, siempre fue diferente. Había compañeros que vivían en pueblos alejados de la ciudad y todos los días recorrían hasta trescientos kilómetros para trabajar en la construcción. Los mandos, los conocí poco, excepto al capataz, que era el mando directo. Pronto me hizo una advertencia: "tienes que tener mucho cuidado. Aquí es muy fácil caerse desde una cuarta planta, o que te caiga un ladrillo o un tablón encima". Trabajábamos en una obra nueva, en un descampado. Comenzaron las reivindicaciones. Queríamos disponer de un comedor. Un pequeño refugio con mesa y asiento de tablones de obra para los días de frío, lluvia, calor. No era gran cosa.

Y unas duchas con agua fría y caliente. Coger el transporte público sucios y malolientes hundía nuestra dignidad. Me tocó a mí dirigirme al jefe de la obra para comunicarle nuestras exigencias. La respuesta fue, ¡no! Así que tuve que darle un ultimátum. Se había decidido en asamblea y apoyado por todos. Tenía la fuerza que da el apoyo, y el infantilismo del que cree que está haciendo una revolución. "Si de aquí al lunes, tres días, no tenemos respuesta positiva, comenzaremos a hacerlo nosotros con el material de la obra". Sólo se lo comuniqué y me marché. Debió comprender que íbamos en serio, me aseguró que en una semana comenzaría la construcción del comedor, váteres y duchas. Fue cuando se me acercó el capataz para informarme de los peligros en la construcción.

Luego vino la negociación del convenio colectivo de toda la construcción. Fueron meses de asambleas para elaborar y aprobar la plataforma[3] reivindicativa. Apertura de negociaciones que tuvo que ser apoyada con huelgas. Ante la negativa de la patronal en comprender la necesidad obrera de mejorar las condiciones laborales (salarios, jornada, etc.) había que mostrar el poder obrero. Y este no era otro que parar la construcción. El patrón tiene el capital. El obrero colectivo la facultad de convertir en más capital el capital del patrón. Por tanto, debe haber equilibrio entre el Capital y el Trabajo. Uno dispone del medio de producción, el otro la fuerza de

---

[3] La plataforma de convenio recoge todas las reivindicaciones de los trabajadores de la empresa, las generales y las correspondientes a cada categoría laboral: subidas salariales, horario, jornada, número de horas semanales de trabajo o anuales, vacaciones, organización del trabajo, incentivos, ascensos, pases de categorías, etc.

trabajo. Estas son las dos fuerzas enfrentadas en el campo de batalla social. Avanzamos.

Entré a formar parte del secretariado de CC. OO de la Construcción de Madrid.

Pero mi vida interior se desvaneció. Siguiendo a aquellos curas obreros, yo, proveniente del campo, me había hecho obrero. Fue una decisión que trascendía mi propia existencia. Yo importaba poco. Lo importante era la causa, la transformación del mundo, la liberación de los oprimidos. ¡La libertad! Seríamos dueños colectivos de los medios de producción. Construiríamos un mundo donde la libertad y el conocimiento serían sus cimientos. Yo sólo era un servidor de esa causa. El hechizo de lo colectivo.

Me eligieron delegado sindical en la empresa para la que trabajaba. Se negoció y firmó el convenio colectivo que regulaba todas las condiciones de trabajo. En la obra disponíamos ya de todo lo necesario para unas condiciones dignas, comedor, duchas, lavabos, … En el ámbito sindical todo se encarrilaba hacia la rutina. Reuniones sindicales internas, con la empresa, asambleas de información, etc. hasta el próximo convenio. Mientras, paz laboral. Esperar al siguiente año para elaborar la nueva tabla reivindicativa y negociar el siguiente convenio. Cada cuatro años elecciones sindicales.

El capataz me relegó al ostracismo. Me desconectó del resto de los compañeros. Varios meses excavando una zanja de dos metros de profundidad por medio de ancha para colocar tuberías de desagüe. Sumergido en el pozo.

Una pala excavadora lo habría hecho en un par de horas. El objetivo no era realizar el trabajo sino el aislamiento; sufrir la soledad. Pero los compañeros siempre estaban ahí. Cada vez que tenían que moverse ya fuera para ir a los servicios o para acercarse a otra posición alargaban su camino para aproximarse a donde yo estaba y decirme unas palabras sin pararse.

Salí de la tumba y pasé al espacio libre. Armado con un pico debía quitar los trozos de yeso que había en el suelo de la planta para que hicieran su trabajo los soladores. El capataz había encontrado el lugar perfecto para aislarme. Ahora los compañeros no podían desplazarse encaramándose varios pisos para dirigirme alguna palabra. En la soledad de estos apartamentos, unas veces en un octavo piso, otras en un tercero, las ideas sobre esa revolución tan hermosa que había vagado por mi mente, y seguía cabalgando llena de ilusión, sembraba la duda del significado de mi estancia en ese lugar, en ese trabajo. No se mostraban trazas de alguna fuerza transformadora de la realidad que confluyera con ese mundo ideal soñado. Todos los días, durante seis meses que duró mi castigo, sentía el deseo de empequeñecerme y desaparecer por una esquina donde se terminaban las paredes retenidas por el suelo, como si un vórtice me tragara. Lo había dado todo por una causa muy superior a mí. Pero esa causa no existía. Y si era posible su existencia la realidad la tenía de tal manera confinada que no se vislumbraba por ninguna parte. Peor aún, entre todos la estaban aniquilando. El régimen dictatorial se estaba desvaneciendo y se negociaban las nuevas reglas de juego. El Poder quería mantenerse en el pódium y las fuerzas emergentes, las que habían ido corroyendo la dictadura hasta hacerla inviable, cedieron a las prerrogativas de los poderosos de siempre. En este bando había dos tendencias. Los rupturistas con el pasado, arreglar cuentas. Y la de los acuerdos, que se reducía al ensamblaje del poder de siempre en unas estructuras democráticas del estado. Fue la que triunfó. Fue la que derrotó mis sueños de mundos nuevos. Este país entraba por carriles de estabilidad que no eran otros que la estratificación de la sociedad en clases, cada cual con sus funciones; la obrera con sus empleos, penurias y subordinaciones. Pero con un margen, cada uno podría alcanzar cimas más o menos elevadas de bienestar, siempre dentro de los límites marcados por el nuevo orden. No existían esos límites por escrito. El sistema hacía imposible superarlos. Una sociedad de dominadores y dominados; de poseedores y poseídos; de dirigentes y dirigidos.

Mientras, cumplía mis labores en CC.OO de la construcción de Madrid. Allí instalé una especie de librería sociopolítica para que la gente acopiara ideas para, según mi creencia, esa acumulación colectiva de ideas hiciera surgir en la clase obrera un diseño apropiado de otra realidad. Fue mi nueva ilusión en esos tiempos donde la oscuridad avanzaba sin freno dentro de mí. Esperanza en la configuración de las conciencias, de las mentes.

Pero un día entró por la puerta el ángel exterminador en su máximo nivel de furia. Un joven más o menos de misma edad, militante del Partido Comunista, dirigente de CC.OO del metal de Madrid. No nos conocíamos, pero con gritos que hicieron vibrar las paredes me prohibió tener aquellos libros en un local de CC.OO. <<en la biblioteca de un obrero sólo debe estar "eurocomunismo y estado">>. Un manual escrito por Santiago Carrillo, Secretario General del Partido Comunista, manifiesto para la nueva orientación del comunismo diferenciándose del teorizado y practicado en la Unión Soviética. Atención a este comentario. En él está la génesis de la destrucción del sindicato. Ese grito me recordó los aullidos del obispo Cirilo en Alejandría a principios del s. V contra Hipatia y el conocimiento: "no se necesita más que un libro. La biblia contiene todo el conocimiento necesario". Indicios de la oscura Edad Media. Uniformidad, sectarismo, dogmatismo, visión interesada de la realidad. Sucedió a finales del año 1977. Hacía pocos meses que se había legalizado al Partido Comunista de España. Un año más tarde se aprobaba en referéndum la Constitución española.

Indudablemente yo no iba a amilanarme ante un energúmeno irracional. Este energúmeno llegó a estar en los más altos cargos de CC.OO.

Terminó la obra donde trabajaba. Fui despedido. Dos años parado, demandando trabajo que no existía. Aniquilación, no sólo de sueños, sino también, de las bases psicológicas que dan consistencia a los fundamentos de la persona, a la estabilidad emocional, a la esperanza, a la seguridad, a la confianza en uno mismo. Delante de ti no hay nada. El futuro se ha esfumado, sólo queda una inmensa nada que se traga tu espacio, reduce tus límites. Soledad total. Las amistades se esfuman, por su voluntad o porque uno mismo considera la evasión como velo de ocultación del espejo para no ver tu imagen deteriorada. Un amigo imaginario, surgido de la lectura una y otra vez del ingenioso hidalgo de la Mancha fue mi contrafuerte en esos años sombríos.

Notas:

1. Se ha empleado varias veces la palabra creencia. Se ha utilizado con toda intención para delimitar bien lo que es una creencia de lo que es conocimiento, ciencia, realidad, saber. La creencia no tiene ninguna base material.

2. Lo expuesto hasta aquí sólo ha sido para contextualizar a la persona. Conocer cómo ha sido acrisolada permitirá emerger lo verdadero de forma más limpia.

3. La bibliografía que se expone a continuación es la más relevante de la época; la que fue configurando el pensamiento progresista alternativo al sistema reaccionario propio de la dictadura. En esa época existía la censura. Los censores excluían todo pensamiento considerado de izquierdas o revolucionario. Apenas se importaban libros del extranjero, incluso libros científicos, o quedaban reducidos a círculos muy restringidos. Hasta las obras de teatro que se representaban o las películas que se proyectaban debían pasar por la censura, que las eliminaba o las mutilaba.

BIBLIOGRAFÍA:

Frantz Fanon: "Los condenados de la tierra". Ed. Fondo de Cultura. 1963.

Pierre Teilhard de Chardin: "La activación de la energía". Ed. Taurus. 1967

Jean Rostand: "El hombre". Alianza Editorial. 1968

Albert Memmi: "El hombre dominado". Ed. Gallimard. 1968

Pierre Teilhard de Chardin: "Ciencia y Cristo". Ed. Taurus. 1968

Aguirre: "Marxistas y cristianos". Alianza Editorial. 1969

Hélder Cámara: "Espiral de violencia". Ed. Sígueme. 1970

Françoise y Domenach, Jean Marie Goguel: : "Pensamiento político de Mounier". Ed. ZYX. 1970

Pierre Teilhard de Chardin: "El fenómeno humano" Ed. Taurus. 1971

Erich Fromm: "El miedo a la libertad". Ed. Paidós. 1971

Noam Chomsky: "La responsabilidad de los intelectuales". Ed. Ariel. 1971

Rafael Ávila: "Elementos para una evangelización liberadora". Ed. Sígueme. 1971

José Carlos Alia: "Buscando el hombre completo". Ed. ZYX. 1972

Galvano Della Volpe: "La libertad comunista". Ed. Icaria. 1972

Marta Harnecker: "Imperialismo y dependencia". Ed Quimantú, Santiago de Chile. 1972

Hélder Cámara: "La revolución de los no-violentos". Ed. Dinor. 1972

Feliciano Blázquez: "La dignidad del hombre". Ed. Sígueme. 1973

Hugo Assmann: "Teología desde la praxis de la liberación". Ed. Sígueme.1973

Jean Guichard: "Iglesia, lucha de clases y estrategias políticas". Ed. Sígueme. 1973

Jules Girardi: "Cristianismo y liberación del hombre". Ed. Sígueme. 1973

Johann B.Metz: "Teología, Iglesia y política". Ed. ZYX. 1973

Marta Harnecker: "El capital: conceptos fundamentales. Manual de economía política." Ed. S.XXI. 1974

Pierre Teilhard de Chardin: "Las direcciones del porvenir". Ed. Taurus. 1974

Arturo Paoli: "La perspectiva política de San Lucas". Ed. S.XXI. 1974

Ernesto Cardenal: "El evangelio de Solentiname". Ed. Sígueme. 1975

José P. Miranda: "Marx y la Biblia. Crítica a la filosofía de la opresión". Ed. Sígueme. 1975

Ernesto Cardenal: "La santidad en la revolución". Ed. Sígueme. 1976

Jules Girardi: "Cristianos por el socialismo". Ed. Laia. 1977

Giulio Girardi: "Marxismo y cristianismo". Ed. Taurus. 1977

Giulio Girardi: "Amor cristiano y lucha de clases". Ed. Sígueme. 1975

Friedrich Engels: "Introducción a la dialéctica de la naturaleza. El papel del trabajo en la transformación del mono en hombre". Ed. Ayuso. 1974.

Rosa Luxemburgo: "Huelga de masas, partido y sindicatos". Ed. S.XXI. 1974.

Karl Marx: "El Capital". Ed. S.XXI. 1975

Samir Amín: "¿Cómo funciona el capitalismo? El intercambio desigual y la ley del valor". Ed. S.XXI. 1975

Vladimir I. Lenin: "El internacionalismo proletario". Ed. Akal. 1975

Gueorgui Arbatov: "El aparato de propaganda político e ideológico del imperialismo". Ed. Akal. 1975

José Alvárez Junco: "La ideología política del anarquismo español. (1868-1910)". Ed. S.XXI. 1976

León Trotsky: "La revolución permanente". Ed. Fontamara. 1976

Errico Malatesta: "Socialismo y anarquía". Ed. Ayuso. 1976

D. Oliveira, M. Vieira: "¿Qué es el poder popular?". Castellote ed. 1976

Anton Pannekoek: "Los consejos obreros". Ed. Proyección. 1976

Karl Marx: "Elementos fundamentales para la crítica de la economía política". Ed S.XXI. 1976

Santiago Carrillo: "Eurocomunismo y estado". Ed. Crítica. 1977

M. Basmánov, B. Leibzón: "Vanguardia revolucionaria. Problemas de la lucha ideológica". Ed. Progreso. 1978

Julio Luelmo, Henry Winston: "Eurocomunismo y estado, o la desintegración del P.C.E. y la ruptura con el movimiento comunista internacional". Ed. Akal. 1978

Mao Tse Tung: "Obras escogidas de Mao Tse-Tung". Ed. Fundamentos. 1978

N. Inozémtzev: "El capitalismo hoy: nuevos fenómenos y contradicciones". Ed. Ciencias Sociales. 1979

V. G. Afanasiev: "Curso inicial de comunismo científico". Ed. Orbe. 1981

Teófilo Cabestrero: "Revolucionarios por el evangelio". Desclée de Brouwer. 1983

José Carlos Mariátegui: "Invitación a la vida heroica". Ed. Apoyo Agrario. Lima. 1989

La alondra y las ranas

Extraído de: El nacimiento de una contracultura de T. Roszak (p. 135)

Epílogo a la indagación filosófica de Herbert Marcuse sobre Freud, adaptado libremente de la fábula de Chuang-tsu.

" Había una vez una sociedad de ranas que vivían en el fondo de un profundo y oscuro pozo, desde el cual no se podía ver absolutamente nada del mundo exterior. Las ranas eran gobernadas por una despótica Gran Rana, muy camorrista, que, con argumentos más bien dudosos, afirmaba ser propietaria del pozo y de todo lo que se arrastraba o se movía dentro de él. La Gran Rana nunca movía un dedo para alimentarse o guardarse, sino que vivía gracias a las labores de las pobres ranas con las que compartía el pozo. Estas desgraciadas criaturas se pasaban todas las horas de sus lóbregos días, y muchas de sus lóbregas noches, yendo de un lado a otro por entre el agua y el barro para buscar las larvas e insectos que tanto gustaban a la Gran Rana.

Pero sucedía que, de vez en cuando, una extravagante alondra se metía revoloteando dentro del pozo (sólo Dios sabe por qué razón) y cantaba a las ranas todas las cosas maravillosas que había visto en sus viajes por el inmenso mundo de fuera: el sol, la luna y las estrellas, montañas que buscaban el cielo y fértiles valles y agitados mares y que valía la pena que se aventuraran por el espacio sin límites que había encima de ellas.

Siempre que la alondra venía de visita, la Gran Rana instruía a las ranas pobres para que escucharan atentamente todo lo que el pájaro dijese. «Os está hablando -explicaba la Gran Rana- de la tierra feliz que espera como recompensa a todas las ranas cuando terminen esta vida de pruebas.» No obstante, la Gran Rana (que, dicho sea de paso, era medio sorda y nunca estaba segura de lo que había dicho la alondra), pensaba en secreto que aquel extraño pájaro estaba completamente loco.

Es posible que las ranas pobres alguna vez tuviesen la impresión de que la Gran Rana las engañaba. Pero lo cierto es que, con el tiempo, habían llegado a adoptar una actitud cínica para con las historias que les contaba la alondra, convenciéndose después de que el pájaro estaba loco de remate. Además, algunas ranas librepensadoras que vivían en el pozo (aunque es imposible explicar de dónde vinieron estas librepensadoras) convencieron a las demás de que la Gran Rana utilizaba la alondra para consolarlas y distraerlas con cuentos sobre las delicias que encontrarían en el cielo cuando muriesen. «¡Eso es mentira!», croaban las pobres ranas con rabia y amargura.

Pero entre las pobres ranas había una rana filósofo que había inventado una nueva e interesante idea sobre la alondra. «Lo que dice el pájaro no es exactamente mentira -sugería la filósofo-. Tampoco es una locura. Lo que en realidad nos dice la alondra de esa manera tan extraña es el hermoso lugar que podríamos hacer de este infeliz pozo en que vivimos con sólo que nos lo propongamos verdaderamente. Cuando la alondra nos canta el sol y la luna, significa las maravillosas formas nuevas de iluminación que podríamos introducir aquí para desterrar la oscuridad en que vivimos. Cuando canta los cielos, anchos y aireados, significa la saludable ventilación que podríamos gozar en lugar de los aires fétidos y corrompidos a que nos hemos acostumbrado. Cuando canta la embriaguez de su vuelo vertiginoso, significa las delicias de los sentidos liberados que todas nosotras podríamos conocer si no nos viésemos obligadas a consumir nuestras vidas en este afanamiento opresivo. Y, sobre todo, cuando canta al remontarse libremente entre las estrellas significa la libertad que tendremos cuando nos quitemos para siempre de encima de nuestras espaldas a la Gran Rana. Ya veis, no es cosa de reírse del pájaro este. Tendríamos que agradecerle el habernos brindado una inspiración que puede emanciparnos de nuestra desesperación.»

Gracias a la rana filósofo, las ranas pobres le tomaron un gran cariño a la alondra. De hecho, cuando por fin se produjo la revolución (pues las revoluciones se producen siempre), las ranas pobres inscribieron la imagen de la alondra en sus banderas y marcharon a las barricadas croando lo mejor que sabían para imitar en lo posible los tonos líricos de la alondra. Una vez derrocada la Gran Rana, el pozo, oscuro y húmedo en otro tiempo, aparecía magníficamente iluminado y ventilado, convertido en estupendo lugar para vivir. Además, las ranas pudieron experimentar nuevos y gratificadores ocios llenos de exquisitas delicias para los sentidos, tal como había previsto la rana filósofo.

Pero la extravagante alondra todavía seguía visitando el pozo y contando sus historias del sol y la luna y las estrellas, las montañas y los valles y los mares, y las grandes aventuras que había vivido.

«Quizá, mirándolo bien -conjeturaba la rana filósofo- este pájaro está realmente loco. Además, ya no necesitamos sus misteriosas canciones. Sea lo que fuere, empieza a ser aburrido el tener que escuchar fantasías cuando las fantasías ya han perdido su relevancia social.»

Así que, cierto día, las ranas consiguieron capturar a la alondra y una vez hecho esto, la disecaron y la colocaron en museo cívico recientemente construido (entrada libre) … en un lugar de honor."

I. INTENTARLO DE NUEVO

Como sucede la mayor parte de las veces, surgió una pequeña luz. Tras un examen de conocimientos y tres meses de preparación entré a trabajar en una gran empresa tecnológica. Muy lejos de mi lugar de residencia. Cada región y cada empresa tiene sus propias formas de ser y de actuar; ligeros y sutiles matices de comportamiento que pueden pasar desapercibidos sin la observación adecuada y la atención precisa sobre el entorno. Cuando se va sobrado de autoestima, o de confianza, se pasa por la realidad, pero se veta su entrada a la consciencia impidiendo su reconfiguración y, en consecuencia, la expansión mental. No se interioriza. Por lo que no se comprende. No aporta nada a la construcción del individuo. Ni la persona aporta nada a la construcción de la realidad. No era mi caso. Mi inseguridad, acentuada tras derrotas previas, me obligaba a estar vigilante para aprehender las condiciones de contorno de mi existencia. No sólo esto. La existencia de uno está inmersa en un mundo mucho más amplio que modifica y condiciona sustancialmente el propio escenario.

La organización del trabajo. Pertenecía a una brigada de ocho personas dirigida por un capataz, que era quien organizaba y controlaba la ejecución del trabajo. Nos reuníamos al comienzo de la jornada, a veces. Pues trabajábamos por parejas. El trabajo se asignaba para quince días. En un edificio estaba el centro de trabajo donde se disponía de taquillas para guardar las pertenencias, útiles de aseos y herramientas. Después

30

cada pareja se trasladaba al lugar asignado donde debía realizarse la faena. Cada pareja estaba formada por un veterano, auténtico maestro en conocimientos y habilidad laboral, y el aprendiz.

Bajo esta organización estructural de la empresa existía otra organización difusa y voluntaria, la sindical. Los sindicatos son estructuras organizativas para la defensa de los derechos e intereses de los trabajadores. Precisan de la aportación de éstos: económica, participativa y difusora de ideas y propuestas. Los sindicatos son un poder social. Este poder es mayor o menor en función de la afiliación disponible y del número de votos obtenidos en las elecciones sindicales que se realizan cada cuatro años. Esto establece su capacidad de negociación sobre las condiciones de trabajo y, en definitiva, de vida.

El sindicato no aporta incentivos económicos a sus afiliados. Entonces, ¿cómo consigue militantes y votos? Apelando a la responsabilidad de los trabajadores, mostrando su capacidad de elaboración de propuestas para la mejora de la vida de los mismos y su capacidad de negociación-presión con las patronales. Un sindicato sin afiliados y sin trabajadores que les voten no es nada. No dispone de fuerzas. Es importante la organización de que se dota pues permitirá afluir adeptos y convertir a estos en propagandistas del mismo.

Me afilié de nuevo a CC.OO. Las Comisiones Obreras en su origen fueron agrupaciones clandestinas de ciertos trabajadores dispuestos a luchar por la defensa del conjunto obrero. Cada fábrica, cada empresa tenía sus propias comisiones. Hasta que todas se unificaron dando lugar al sindicato CC.OO una vez desaparecida la dictadura. En las empresas estaban organizados los sindicatos; CC.OO u otros sindicatos. La empresa en la que yo trabajaba, llegó a tener más de setenta y cinco mil trabajadores, disponía de multitud de centros de trabajo repartidos por todas las provincias. Cada centro de trabajo tenía su propia sección sindical formada por todos los afiliados de ese centro. Todas las secciones sindicales se agrupaban en el sindicato provincial de la empresa. A su vez, este sindicato provincial de empresa se adjuntaba al provincial general donde estaban representados todas las Comisiones Obreras de todas las empresas, formando Comisiones Obreras de Soria, por ejemplo. Los sindicatos provinciales estaban integrados en los de autonomías (Comisiones Obreras de Castilla-León), y éstos en la Confederación Estatal de Comisiones Obreras.

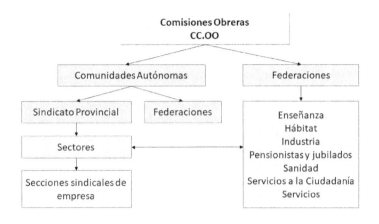

Órganos de dirección de CC.OO:

Provinciales: Congreso (delegados elegidos en las secciones sindicales). Consejo, Comisión Ejecutiva, Secretariado.

Comunidades Autónomas: Congreso (delegados provinciales), Consejo, Comisión Ejecutiva Secretariado.

Federaciones: Congreso (delegados territoriales). Consejo, Comisión Ejecutiva. Secretariado.

Confederación: Congreso (delegados de Comunidades Autónomas y Federaciones). Consejo, Comisión Ejecutiva, Secretariado.

Como la estructura organizativa es compleja se comprenderá mejor desde la organización sindical de la propia empresa. Las secciones sindicales se reunían habitualmente una vez por mes. O con mucha mayor frecuencia en los momentos álgidos de negociación colectiva o conflictos laborales[4]. Su función era conocer, debatir y aportar ideas a las propuestas de la dirección del sindicato elaboradas por la ejecutiva estatal. El órgano superior era el Consejo, formado por representantes elegidos internamente por provincias. Las provincias reproducían la estructura organizativa estatal: Consejo, Ejecutiva, Secciones Sindicales. Del Consejo estatal salían las directrices sindicales que se impulsarían en la empresa, ya fuera para la negociación colectiva, las elecciones sindicales o conflictos de ámbito superior como huelgas generales o parciales por motivos socio-políticos.

Otra figura muy importante dentro del sindicato eran las asambleas[5]. Asambleas había de dos tipos: en el centro de trabajo con todos los trabajadores y en los locales del sindicato u otros lugares acordados con los afiliados.

Las asambleas de los trabajadores eran muy importantes porque en ellas se daba a conocer las propuestas de los sindicatos, se debatía con los trabajadores y en ciertos

---

[4] Los conflictos laborales se producen cuando la empresa toma decisiones de forma unilateral que afectan a los trabajadores. Todas las decisiones de una empresa afectan a los trabajadores. Ejemplo: alianzas con otras empresas, reducción de plantilla, entrada de nuevos accionistas, etc. pues repercutirá de alguna manera sobre la plantilla.

[5] Adviértase que se utiliza el verbo en pasado, pues ya ha desaparecido esta actividad sindical.

acontecimientos salían propuestas de la asamblea para llevarlas a instancias superiores. Por ejemplo, las propuestas surgidas de las diferentes asambleas de cada centro de trabajo se elevaban al Comité Intercentros[6]. Este órgano pertenece a la estructura sindical dentro de la propia empresa. La importancia de las asambleas de trabajadores radica en que es un medio excelente para debatir, exportar ideas, reflexionar y construir corrientes de pensamiento. También para pulir las propias ideas del sindicato. Es como la intervención de una inteligencia colectiva. Dar, recibir, reelaborar. Avanzar.

Las asambleas de afiliados estaban abiertas a todos los afiliados al sindicato, pero también, normalmente, para todo trabajador que quisiera asistir. Su función era comenzar a producir ideas para impulsar la acción del momento. Ya se ha comentado los tipos de acciones en el sindicato: negociación colectiva, crisis sociales como, por ejemplo, la reconversión industrial del país, o conflictos internos de la empresa, como el cierre de centros de trabajo y aperturas en otros lugares, cambios de categorías laborales, modificación de condiciones de trabajo. O preparar las elecciones sindicales.

Luego estaba el Consejo que tomaba las decisiones que se desarrollarían. Éstas se trasladaban a la Comisión Ejecutiva, responsable de su ejecución.

Hasta aquí se ha expuesto el factor de acción colectiva del sindicato. Es la actividad más noble y más

---

[6] El Comité intercentros estaba formado por miembros de todos los sindicatos en base al correspondiente porcentaje de votos obtenido en las elecciones sindicales.

transformadora de la realidad. Pero había otro factor más, el individual: la defensa del trabajador ante posibles sanciones de la empresa. Esta actividad requería una estructura paralela dentro del sindicatos formada por abogados, peritos-técnico y demás profesionales precisos. Aunque parece una labor secundaria era clave, pues muchas de las afiliaciones al sindicato provenían y provienen (ahora más) de la necesidad del trabajador de sentirse protegido.

Mi sueño de crear un mundo nuevo no había desaparecido así que de nuevo entré en CC.OO. Año 1980. Década prodigiosa. El mundo, nuestro pequeño mundo, nuestro país, iba a cambiar radicalmente pero no en la dirección soñada y aspirada por mí.

Mi imaginario social seguía en su juventud por no decir infancia. Había un enemigo a batir. Derrotado amanecería un nuevo día. El enemigo estaba perfectamente delimitado, analizado y comprendido. Sólo era preciso unificar la conciencia de este lado de las barricadas para borrarlo de la faz de la tierra. Eran las empresas, sus direcciones. Hoy podría avergonzarme de esa simplicidad, pero tengo un atenuante, la juventud y el desconocimiento. También es verdad que, en estos cuarenta años, estamos en 2022, el mundo ha cambiado. Un cambio significativo ha sido el traslado de la hegemonía del capital industrial al capital financiero. La inmensa capacidad camaleónica del Capital para camuflarse y persistir. En aquellos años yo debería haber visto hacia donde iban dirigidas las fuerzas del Capital y no lo vi. En parte. Porque sí comprendí a la perfección las herramientas que estaba utilizando. Mas adelante se mostrarán.

Error grave fue considerar enemigo absoluto a la empresa. En esto estaban más acertados los dirigentes del sindicato, reformistas, del Partido Comunista. Como indica la palabra reformista, buscaban reformar la realidad, hacerla más amable a la clase obrera. Revolucionarios eran los que querían ponerlo todo patas arribas para lograr la gran transformación, el poder absoluto del proletariado. El "enemigo", la dirección de la empresa tenía su objetivo, hacer funcionar la empresa para ganar dinero, prestigio, poder. Y eso lo obtenía mediante la organización laboral de su ejército de operarios. Analizaba la realidad desde una perspectiva diferente a los que formábamos parte del batallón de trabajo. Quienes comprendieron que esa tensión capital-trabajo se resolvía equilibrando el sistema tenían razón. Debajo de su consciente anidaba la idea de dos formas de ver la realidad dependiendo del lugar que se ocupaba. Los que pensábamos que había que liquidar el primer término del sistema estábamos equivocados. De haber sido hegemónicos habríamos cometidos tremendos errores y ocasionado enormes sufrimientos a los trabajadores. Porque los conflictos alcanzarían niveles elevados de tensión, siendo, finalmente, derrotados totalmente, ya que la correlación de fuerzas estaba a favor del primer término de la relación, el Capital. Aunque había muchas publicaciones escritas por pensadores importantes que empujaban en esta dirección y teníamos una base teórica que sustentaba nuestras ideas y propuestas, desconocíamos el funcionamiento del alma humana. Pensábamos, en nuestra ingenuidad, que nuestro discurso era bello y arrebatador, y que por él merecía la pena el sacrificio. El espíritu humano no funciona así, tiene una programación más prosaica, una necesidad innata de satisfacer las necesidades primarias. Como primera y principal opción. La épica es para los héroes cuya función en la vida es ser héroes, no creadores de familias que deben superar las adversidades para mantener la existencia. Hoy conocemos bastante bien cómo funciona la psique humana y cómo son los engranajes de nuestro cerebro. Es preciso señalar que los teóricos del pensamiento por muy bien preparados y documentados que estén, desconocen las singularidades específicas, sutiles, de los conflictos, que solo pueden ser captadas formando parte de los mismos. Así lo expresó el que fuera secretario de comisiones en mi empresa cuando ya había vuelto a su puesto de trabajo y nos cruzamos: "que razón tenías cuando decías que las cosas se ven diferentes desde la dirección del sindicato que desde el puesto de trabajo". El secretario del sindicato es probablemente el que dispone de mayor información. Sin embargo, debido a su posición no puede detectar las corrientes emocionales y subconscientes que producen las fluctuaciones laborales. Por ello, desconoce las tendencias que se van desarrollando en la conciencia colectiva quedando al margen de la dinámica subyacente. Progresivamente, su discurso se distanciará de los intereses de sus representados. El representante de los trabajadores es ajeno a los mismos. Paradoja que preludia la derrota. ¿La de los sindicatos? ¿La de la clase trabajadora? ¿La de ambos?

Hoy valoro positivamente, mejor aún, considero objetivo fundamental el equilibrio de poderes, equilibrio de poder entre el Capital y el Trabajo. Analizaré más adelante qué significa esto.

Entré a fondo en los debates ideológicos, en la elaboración de estrategias y tácticas para esta lucha que yo creía final. Como éramos pocos siempre perdíamos. Y se hacía lo que proponía la dirección del sindicato, dirección reformista, movilizaciones para conseguir reformas sin afectar al sistema.

Es necesario, por su importancia en todo el proceso, insistir en las discusiones ideológicas. En esa época, y hasta mediado de los años noventa, dentro de CC.OO había diferentes tendencias ideológicas, todas encuadradas en el ámbito de la izquierda, lo que provocaba debates intensos, bien argumentados, obligando a la dirección del sindicato a depurar y perfeccionar sus ideas y propuestas. Esto fue el gran valor de CC.OO, lo que permitió desarrollarse como un gran sindicato, el mejor de occidente. Este es su gran bagaje histórico. Las luchas ideológicas internas sacaban las mejores ideas y propuestas negociadoras tanto en las empresas como en el ámbito estatal, al tiempo que robustecía su estructura y capacidad de acción. El pensamiento era diverso, convergiendo hacia la izquierda[7],

---

[7] Izquierda vulgarmente significa la identificación secular con partidos denominados como tales. Pero cuando se habla de izquierdas la referencia debe hacerse al modelo de sociedad que se persigue basada en la igualdad, la justicia social, la prevalencia de lo colectivo sobre lo individual manteniendo un respeto absoluto al individuo; la colaboración frente al individualismo. Una sociedad defensora de lo común y del conocimiento para crear personas libres y altamente eficaces en la gestación de nuevas realidades. Hoy, en 2022, la izquierda se ha difuminado en un color violeta de

unificándose en la acción. La comprensión de la realidad se construye con las diversas miradas de los sujetos intervinientes poniéndolas en común.

Las relaciones laborales se normalizaron. En la huelga del setenta y siete en mi empresa hubo despedidos y desterrados. Sí, hoy produce incredulidad. Hubo muchos trabajadores que fueron mandados a otros lugares de trabajo repartidos por todo el país, alejados de sus familias por haber participado activamente en la huelga. Hay que reconocer el valor, la entrega y el sacrificio de los militantes sindicales de cualquiera de las ideologías que componían el sindicato. La dirección dio ejemplo. La ennoblece, la engrandece y la convierte en polo de referencia. El esfuerzo y sacrificio de sindicalistas y trabajadores consiguió un cambio radical en las condiciones de trabajo y en las relaciones de poder dentro de la compañía. Se dio un paso gigantesco en beneficio de los trabajadores.

La normalidad política se fue instaurando en todo el país. Se negoció el Estatuto de los Trabajadores modernizando la estructura laboral de España. Como es habitual en mí, también me enfrenté a este estatuto[8] porque se quedaba

---

identidades. No tiene ningún proyecto común para toda la población sino una gran variedad de identidades, un agregado de demandas particulares de grupos determinados que el Poder trata de satisfacer. Esta izquierda violeta actual se centra en luchas particulares que favorecen al Poder, a los poderosos. Es la izquierda para las clases dominantes; reaccionaria y neoliberal enmascarada tras un lenguaje pseudo progresista.

[8] Aquel Estatuto de los Trabajadores sigue vigente en parte, aunque se han modificado cláusulas importantes a consecuencia de la debilidad obrera expresada en la languidez sindical.

corto. Se podían haber mejorado los derechos laborales en un momento de debilidad del Poder.

Se llega a 1982 con la convocatoria de elecciones generales ante la descomposición del gobierno salido de la dictadura. Gana las elecciones un desconocido partido llamado Partido Socialista Obrero Español. Era un partido que estaba en el recuerdo histórico de la guerra civil del 1936-1939. Luego desapareció de España, aunque mantuvo cierta organización en el exilio. Unos jóvenes recogieron sus siglas y recrearon este partido. El lema de su jefe, recogido de un presidente chino: "no importa que el gato sea blanco o negro. Lo que importa es que cace ratones". Parece una reflexión acertada, pero indica el cariz de la persona. La ideología -el cuerpo conceptual que rige la actuación, las medidas que se implementarán- no tiene importancia. Es el oportunismo. Algo será bueno o malo, positivo o negativo en función de las condiciones del momento. Se elimina el futuro de la ecuación. Y en ello estamos. Todavía. En el 2022. Gobernando el Partido Socialista Obrero Español. El oportunismo es su esencia. Sin principios. Se elaboran para cada momento. Para el minuto siguiente.

Este oportunismo se extendió a todo el país, a todas las instituciones, incluidos los sindicatos, incluidos sus dirigentes, que lo potenciaron. Las elecciones las ganó ese partido con el lema "por el cambio". Y los ciudadanos lo creyeron. Tan ansiosa estaba la ciudadanía de que las cosas cambiaran, de que surgiera una realidad nueva. Pero no se esforzaron en pensar qué quería cambiar el embaucador que dirigía al Partido Socialista Obrero Español. Su ayudante remató: "vamos a dejar

España que no la va a reconocer ni la madre que la parió". Efectivamente. Así fue.

En las grandes empresas las direcciones lanzaron un grito: "¡que viene Europa!". Todos, dirección de empresas y sindicatos, se pusieron manos a la obra. Había que adaptarse a Europa[9].

---

[9] Hasta aquí se ha expuesto la experiencia personal de un trabajador, Román, su experiencia laboral y su interiorización. En el resto del texto se introducirán entrecomillados expresiones o comentarios del mismo. No es excepcional, es una más entre otras muchas muy parecidas. Algunas fueron heroicas. No faltaron muertos a manos de los esbirros del Poder en simples manifestaciones por mejoras laborales. El culmen, el asesinato de los abogados de Atocha, de CC.OO. Gloria a los obreros muertos luchando por la libertad y la dignidad; por mejores condiciones de trabajo y de vida para todos.

BIBLIOGRAFÍA:

R. Richta: "La civilización en la encrucijada". Ed. Artiach. 1972

Nicolás Sartorius: "¿Qué son las Comisiones Obreras?". Ed. La Gaya de la Ciencia. 1976

Antonio Gramsci: "Introducción a la filosofía de la praxis". Ed. Península. 1976

Manuel Ludevid: "Cómo funciona un sindicato obrero democrático". Ed. Avance. 1977

Faustino Miquélez: "El sindicato obrero ante la organización política del trabajo". Ed. Avance. 1978

Humberto da Cruz: "Francia: Mayo del 68: "No es más que un comienzo...". Checoslovaquia: Autogestión y estalinismo en la primavera de Praga". Castellote Editor. 1978

Karl Marx: "La comuna de París". Ed. Revolución. 1980

Andrés Bilbao: "Obreros y ciudadanos. La desestructuración de la clase obrera". Ed. Trotta. 1993

Julio Iglesias de Ussel y Manuel Herrera Gómez: "Teorías sociológicas de la acción". Ed. Tecnos. 2005

Richard Sennett: "El artesano". Ed. Anagrama. 2009

II. METAMORFOSIS

Los gritos pueden ser de júbilo o de pánico. "¡¡¡Que viene Europa!!!", gritado al unísono por gobierno y agentes sociales (patronal, sindicatos), después de cuarenta años de dictadura -que es lo mismo que decir confinamiento, atraso, represión-, simbolizaba un grito de libertad y progreso. La sociedad creyó devotamente las verdades redentoras que supuso se ocultaban tras el "por el cambio" y el "que viene Europa". Se puede admitir que la población en general se confunda y acepte religiosamente[10] estos eslóganes, pero es inasumible que los dirigentes políticos y sindicales absorban una consigna sin analizar qué se esconde detrás de ella y prever las consecuencias. Así que la sociedad se entregó apasionada a la fiesta. Un par de años después mostró su verdadero rostro: la gran reconversión de la industria española.

La reconversión comenzó en 1977. Desde este año hasta 1982 se destruyeron 600.000 empleos y desaparecieron innumerables empresas manufactureras. Este proceso se aceleró y acentuó con la llegada del PSOE al Gobierno. La incorporación de España a la Comunidad Económica Europea en 1986 obligaba previamente al desmantelamiento industrial. Los ministros de economía de aquellos años expresaron claramente el objetivo:

---

[10] Es decir, adherirse a consignas como creencias incuestionables sin base material que las justifique; como las creencias religiosas que al proceder de Dios no precisan ninguna justificación, sólo creerlas pues proceden de un ser superior e inaccesible.

"Nuestro país no puede ni debe competir con el resto de naciones europeas en los grandes temas industriales. El futuro está en el sector servicios", y dentro de éste especialmente en el turismo. El PSOE asume como objetivo central el reajuste de especializaciones productivas y la remodelación de activos: RD 9/1983. Ley 27/1984 de Reconversión y Reindustrialización.

Reconversión es transformación, ya sea para modernizar la empresa o sector productivo, o crear nuevas industrias. Reconversión fue un eufemismo. Se desmanteló la siderurgia, altos hornos, la construcción naval, producción de fertilizantes, parte de la industria química, fabricación de electrodomésticos y bienes de equipo y, sobre todo, maquinaria eléctrica. El sector del automóvil sufrió una profunda transformación: externalización de servicios, subcontratación, reducción desmedida del personal propio, modificación de las condiciones de trabajo en horarios, turnos, salarios, etc.

Los sindicatos habían sido legalizados recientemente. Estaban en pleno proceso de reorganización interna con fuertes divergencias entre ellos por consolidar sus espacios de influencia. Esto no sólo no fue un hándicap si no que fue un acicate para resistir la política gubernamental. La prepotencia del Gobierno, con su mayoría absoluta en las Cortes, tuvo que aceptar la interlocución sindical. Los sindicatos perseguían reducir los costes sociales de la reconversión. Es decir, subvencionar a los parados por la demolición de la industria. En el horizonte ni en sus planes existía un proyecto de reindustrialización, de reconversión de los antiguos puestos de trabajo en otros de nuevos sectores productivos.

La historia es un encuentro permanente, más o menos intenso según las épocas, entre los dominadores y los dominados; entre el poder y los súbditos; entre los dueños del capital y los obreros. Es un duelo por el control de la fuerza productiva. Unos pocos quieren aumentar permanentemente la tasa de ganancia a base de explotar a una mayoría. De los resultados de estas luchas surgieron las Relaciones Industriales, normativas y leyes que ambos contendientes deben cumplir, aunque siempre haya un tira y afloja para ensanchar o reducir los derechos de la población trabajadora. Esta entente no se consigue apelando a la bondad del contrario, ni con el debate razonado. Es el resultado de la fuerza con la que cuenta cada bando. Esto son las leyes: el saldo de la correlación de fuerzas. Cuando el pueblo tiene fuerza las leyes le son más favorables. La justicia no es más que un acuerdo social, la transacción resultante de la fuerza con la que se cuenta.

Sabido esto por reflexión o por mera intuición, dio comienzo la lucha obrera de la década de los años ochenta del siglo veinte. Resistir al feroz ataque de la clase dominante, plasmada en el Gobierno-PSOE. La fuerza de los trabajadores reside en un cuerpo ideológico o de pensamiento bien trabado, en su organización, en su cohesión, en su disposición a la lucha y en su capacidad de resistencia. Su única herramienta es paralizar la producción o entorpecerla. Las calles se llenaron de obreros en huelga, de trabajadores acudiendo a las universidades a debatir con los estudiantes exponiendo su situación y el futuro que les esperaba, de estudiantes apoyando esas huelgas, de la solidaridad de la población en general. Fue una lucha muy desigual, el obrero en huelga se jugaba su salario, con el que cubría las necesidades básicas de él y su familia, y su empleo. El despido era resultado frecuente, y con él la dificultad para encontrar nuevo trabajo. Los enfrentamientos con la policía fueron verdaderas batallas campales, hasta el punto de disputarse un puente o una carretera durante semanas, palmo a palmo, unos con proyectiles de goma, botes de gases lacrimógenos o de humo, porras, detenciones, etc. Otros, con tirachinas, incendio de neumáticos o patadas en las piernas mientras recibían soberanas palizas con porras de goma que desgarraban espaldas trabajadoras. La fuerza obrera fue la unión, la certidumbre de la justeza de sus reivindicaciones, la decisión en la defensa de sus derechos.

Es lamentable que la población general se dejara engañar con facilidad, incluso que le gustara ser engañada para no enfrentarse a la realidad porque la aparente fiesta que vivía la mantenía en el delirio. Puede que este diagnóstico sea erróneo, y fuera la propaganda oficial, que haciendo muy bien su trabajo, encaminó a la población a un estado de alucinación, a una alteración profunda de la percepción de la realidad. La realidad era destrucción de empleo, pero se soñaba con las promesas gubernamentales de una Europa que venía y nos traería bienestar y abundancia.

Pero, ¿dónde estaban los intelectuales, los dirigentes obreros, los sindicatos? Los intelectuales tal vez en algún balneario. No todos, pues dos o tres se jugaron el prestigio y la vida en desenmascarar la mentira. Los dirigentes obreros se dedicaban a apagar fuegos. Aquello no era una guerra civil habitual. Era incruenta, pero con víctimas: la mentira, la propaganda, implantación de medidas en todos los ámbitos, legislativos, laborales, sociales. Víctimas, como siempre, los más débiles de la sociedad, la clase trabajadora. Las medidas que se tomaban en las empresas eran de tal calado que los sindicatos no tenían capacidad para enfrentarse a todas ellas. Apagando un fuego aparecían otros aún más virulentos. Al haber asumido que "gobiernan los nuestros" se bajó la guardia, se abandonó el debate colectivo para construir pensamiento, ideología, y orientar el futuro, lo que eliminó la capacidad de respuesta. Sólo permaneció la posibilidad de réplicas oportunistas, si se llegaba a tiempo. Imposible ante la avalancha de agresiones a los trabajadores. El poder tenía muy claro el objetivo y el camino a seguir. Los dirigentes sindicales no comprendieron el profundo cambio que se estaba dando en el trabajo con las nuevas herramientas introducidas y la modificación de la organización del trabajo. Al carecer de esta perspectiva y el correspondiente análisis sólo podían actuar de bomberos, correr de un lado para otro pretendiendo apagar incendios.

El ser humano está dotado de un cerebro mal cableado y excesivamente perezoso. Es un sistema inercial que ofrece alta resistencia al cambio. Por eso tiene los comportamientos extraños que le caracterizan. Un sistema inercial se identifica porque su estado se mantiene mientras ninguna fuerza actúe sobre él. Para que no le saquen de su letargo suele eliminar del recuerdo los acontecimientos dolorosos mostrando aquello que puede mantener en paz a la persona. Rechaza las señales de alerta porque le incomodan, pues tendría que actuar, esforzarse, gastar energía. Se podría decir que los humanos …, bueno, tengamos conmiseración de nosotros mismos.

Se comentaba esa guerra civil incruenta. Los impulsores habían desarrollado una buena estrategia, ataque global en todos los frentes, (incluido el acercamiento de los líderes obreros a la ideología dominante para disponer de ellos como buenos colaboradores que controlarían las posibles revueltas), y una buena táctica, atacar los flancos más fuertes inesperadamente. Los sectores con mayor presencia obrera. Aquellos de donde podía surgir una respuesta contundente y eficaz. Ya se ha comentado que previamente desmontaron la industria pesada con sus miles de puestos de trabajo. Ahora se trataba de segmentar las grandes concentraciones obreras en las fábricas. Táctica: la externalización de servicios con condiciones diferenciadas de trabajo, sueldos más reducidos para la actividad externalizada, y menor número de trabajadores limitando su capacidad de respuesta. Algún ejemplo lo muestra con mayor nitidez. Empresas textiles que poseían sus propios talles, ofrecían a sus trabajadoras la posibilidad de hacer el mismo trabajo en sus casas privadas, como autónomas. La empresa le compraría las prendas que confeccionaran, que, a su vez, eran las indicadas por la antigua empresa matriz. Ésta se ahorraba locales de trabajo con sus gastos correspondientes, la gestión de la mano de obra, cotizaciones a la Seguridad Social, etc. A la trabajadora se le transfería la adaptación de su casa para el trabajo, mantenimiento de la herramienta, gastos de luz, calefacción, etc. Y se le compraban las prendas al precio negociado con la empresa. Es decir, al precio que la empresa quisiera pagar. Donde antes había una negociación colectiva de las condiciones de trabajo y de los salarios se transformó en una relación bilateral empresa-trabajadora donde la parte dominante era la empresa pues tenía toda la fuerza contractual y el control del proceso de trabajo. La trabajadora no disponía ninguna fuerza negociadora. Es: o coges lo que te ofrezco o no tienes trabajo. Otro ejemplo: empresas alimentarias poseían sus flotas de camiones para repartir los productos. Se les ofrecía a los conductores de dichos camiones la posibilidad de comprar el camión y de trabajar para la misma empresa como autónomos. Las empresas eliminaban el segmento de transportes y distribución con todo lo que ello implica: gestión de las relaciones laborales, mantenimiento de camiones, locales, gastos de combustible, etc. El conductor se hacía cargo del mantenimiento del vehículo, gasto de combustible, compra de nuevo vehículo al término de la vida útil del primero, etc. Todo ello por el salario que ofreciera la empresa. Más ejemplos: sector de la automoción. Las cadenas de montaje de los vehículos fueron vaciadas de personal propio y rellenadas por trabajadores de contratas, unas dedicadas a las lunas, otras a la tapicería, etc. Es decir, reducción máxima de la plantilla de la empresa, aumento de contratas y subcontratas cada una con sus condiciones laborales, independientes las unas de las otras dependiendo sólo de la capacidad negociadora de los trabajadores de cada contrata. Este procedimiento lleva una fuerza oculta demoledora de la clase obrera: el enfrentamiento de unos contra otros. Los trabajadores de la empresa matriz mantenían las condiciones de trabajo anteriores, los de las contratas eran inferiores. El conflicto se traslada de trabajadores hacia la empresa a trabajadores de contratas contra los de la empresa matriz. Consideraban a éstos como privilegiados en lugar de luchar por mejorar sus condiciones. Los trabajadores de las contratas los veían como enemigos en lugar de aliados. Este proceso se produjo en todas las actividades industriales.

Se comentaba anteriormente lo inercial que es el ser humano. Al llegar a la democracia todos los dirigente políticos y sindicales creyeron que ya se había conseguido la gran transformación social, que se había alcanzado la sociedad soñada, que sólo tocaba gobernar y progresar. Mera rutina. Ya no necesitaban leer, no precisaban estudiar, no era necesario debatir para aprender colectivamente, no era básico elaborar estrategias de ataque o defensa contra el Capital. La clase obrera se quedó sin ideología propia y se fue implantando la liberal: cada cual resuelva su propio problema. Por este motivo los sindicatos se convirtieron en bomberos, operarios que buscaban salvar algo de los escombros. Pero sin visión de futuro, sin armas (sus armas son la ideología, un cuerpo de ideas fundamentado capaz de deconstruir el discurso dominante y armar uno propio potente, homogéneo, ilusionante). Y la guerra se perdió escaramuza tras escaramuza. No llegaba ni siquiera a nivel de batalla. Estamos en 2022, desarmados, gobernando los mismos de siempre, los que dieron la puntilla al proletariado dejándolo sin defensa posible, quitándole la voz y la palabra. Le confiscaron hasta el conocimiento, montando un sistema educativo que lo reducía a la ignorancia a perpetuidad. Fueron muy hábiles eliminando toda posibilidad de pensamiento crítico. Se instauró el pensamiento único. Pensamiento débil en el bando de los derrotados. Aniquilación despótica con bellos discursos.

Es el momento de entrar al detalle de esta guerra a través de lo sucedido en una gran empresa. ¿Por qué esta empresa? Porque estaba en la vanguardia tecnológica. Porque fue un modelo operativo para las demás. Fue el nuevo paradigma de la reconversión.

El "viene Europa", grito aceptado desde el primer momento, y como valor en sí mismo, por los sindicatos, llevaba implícito un cambio de cultura empresarial en los trabajadores. Esto, por su dificultad, debe ser un proceso a largo plazo, complejo, difícil de diseñar y de llevar a término. Pero no fue así, pues las direcciones sindicales se colocaron en línea con los cuadros de dirección de la empresa. Tenían claro que al llegar Europa había que competir y eso significaba otro tipo de trabajador. O sea, el primer envite empresarial fue superado sin respuesta. Los líderes obreros asumieron e interiorizaron el discurso empresarial. El proceso de abducción sucedió sin ninguna resistencia. Ósmosis mental e intelectual; emocional y conceptual. Voy a llamar a esta empresa MT. En aquellos años disponía de más de setenta mil trabajadores. El Estado poseía más del 50 % de las acciones, es decir, era una empresa pública. Los trabajadores se consideraban servidores de lo público, de un patrimonio colectivo. Al frente de la misma fue colocado un dirigente del PSOE. Población y direcciones sindicales creyeron que "ahora gobiernan los nuestros". Por eso aceptaron la primera consigna. Después, consecuencia inmediata, se introducirían los cambios. Profundos, hasta lograr que el conjunto de empleados se identificase con los objetivos de la empresa: "vamos todos en el mismo barco", "gran familia", "intereses y objetivos comunes", "esfuerzo de todos", "alcanzar los propósitos de la empresa". Éste era el contenido del discurso que se transmitía.

MT, como la mayoría de empresas públicas en aquella época, mantenía un sistema de protección social específico, fuera de la Seguridad Social. Las cotizaciones de los trabajadores se empleaban en proporcionar asistencia sanitaria y las prestaciones de jubilación. Objetivo de la empresa: eliminar esta situación, por rémora para la competitividad empresarial y su inmediata privatización. Venderla sin cargas sociales. La dirección de MT abrió dos frentes de lucha de gran alcance. Privar a los empleados de su protección social remitiéndolos a la Seguridad Social pública, e introduciendo disimuladamente tecnología nueva.

La resistencia a perder la prestación social fue total, de toda la plantilla, pues era mucho lo que se deterioraban las condiciones laborales. Pero las innovaciones tecnológicas fueron aceptadas con la única resistencia de unos pocos. El miedo había comenzado a hacer su efecto aceptándose paulatinamente los principios de la empresa. Se fueron implantando herramientas informáticas en todos los puestos de trabajo, aceptadas por unos porque había que adaptarse a los nuevos tiempos; por otros, porque "si no mi puesto de trabajo será ocupado por otro". Sobró personal. Se reestructuraron los puestos de trabajo creando otros nuevos con nuevas funciones. Como es natural, surgieron múltiples conflictos que no se alcanzaban a resolver porque los sindicatos no llegaban a todos los frentes ni tenían respuestas. Las posibles propuestas sindicales deberían haber salido del vector cambio cultural que propuso la empresa y que ellos asumieron como propio. Las alternativas estaban acotadas por dos márgenes férreos: la competitividad y el cambio cultural que se habían asumido alegremente. Por tanto, no había posibilidad de elaborar planteamientos más allá de evitar que el daño se ampliara en exceso. Sólo unos pocos, no más de diez en toda la empresa, pensaron en proyectos estratégicos surgidos de la nueva situación. Pero fueron tildados de luditas del siglo veinte, los nuevos rompe máquinas que se oponían al progreso. Sus propuestas no se dirigían a romper herramientas informáticas sino a controlar la organización del trabajo, las funciones y los tiempos de implantación de las nuevas tecnologías.

En un centro de trabajo mediano, de Madrid, eran tres[11]. La ilusión los movía analizando la nueva tecnología, sus efectos sobre el empleo, a qué grupos laborales afectaría más, qué nueva organización del trabajo surgiría, qué nuevos niveles de conciencia crearía en el personal. Disponían de información, datos contrastados, hechos, pero fueron condenados al ostracismo. El desafío intelectual que suponían las nuevas herramientas de

---

[11] El debate sobre las tecnologías no era exclusivo, existía en la práctica totalidad de las empresas tecnológicas: General Motors, Opel, (en todas las empresas del automóvil), Standard Eléctrica, empresas aeroespaciales como Lucas Aerospace, etc.

trabajo, los mantuvo activos estudiando, reflexionando, discutiendo, elaborando propuestas.

Puede que parezca que queda lejos, muy lejos, aquellos años ochenta en los que se hablaba de innovaciones tecnológicas, de nuevas tecnologías. Pues no, no queda lejos. Sólo se ha alejado del recuerdo colectivo. Seguimos inmersos en el mismo proceso de modificación e implantación constante de nuevas herramientas solo que cada vez son más sofisticadas. Estas herramientas avanzan de prisa hacia la inmaterialidad, pero el proceso y el significado es el mismo, sólo que mucho más profundo e intenso. Las consecuencias son cada vez más inciertas al haberse perdido el control por la clase trabajadora. Y el olvido. Entonces hubo cierta resistencia, muchos debates y análisis. Hoy, este proceso ha sido aceptado, ya ni siquiera como algo inevitable, sencillamente ha pasado a formar parte del presente sin reflexión, sin análisis de efectos ventajosos o inconveniencias. Forman parte, sin más, del paisaje productivo.

Estas tecnologías tienen unas características interesantes: se necesita mucho menos material y trabajo para fabricarlas; consumen energía en una escala muy inferior a las anteriores; reducen la mano de obra en una proporción de nueve a uno[12], progresión que no cesa de aumentar en la medida que evolucionan estas máquinas. Afectan globalmente al proceso productivo, desde una operación cerebral hasta el control del stock de un almacén. Exigen crear nuevos materiales. Hoy es conocido el esfuerzo por controlar las tierras raras, del coltán, la madre imprescindible para las comunicaciones.

---

[12] Dato recogido de los informes emitidos para validar la excelencia de la nueva tecnología digital frente a la electromecánica.

Afectan poco a lo que se produce, pero infieren extraordinariamente en la manera de cómo se produce.

La creencia general de que las tecnologías suponen un avance para la humanidad es totalmente cuestionable, pues depende de quién controle la herramienta. El hacha en manos de un leñador supone un gran avance respecto del uso del cuchillo para la misma tarea, pero en las manos de un psicópata es un retroceso para la sociedad en su conjunto. Semejante es el uso de esta tecnología inmaterial. En manos de los trabajadores supondría un avance cultural considerable al igual que un desarrollo de los individuos sin precedentes pues ganarían en tiempo de vida para sí pudiendo dedicarlo a la realización personal. Controladas por minorías poderosas destruyen empleos, pues las empresas invierten en ellas para ahorrar gastos y acumular capital. Cambios negativos en la organización del trabajo: movilidad geográfica, horaria, funcional; polivalencia, reclasificación de categorías laborales, cambios en la jornada laboral, ... Separación de los trabajadores del proceso de diseño, organización y control que se reservan para un pequeño grupo de especialistas. Descualificación acelerada de los trabajadores pues la mayoría de los trabajos se pueden realizar con una formación mínima. Tareas repetitivas que podría realizar una máquina o un robot son asignadas a empleados porque resulta más económico un trabajador descualificado.

Las consecuencias sindicales, evidentes. Son tecnologías muy poderosas. Tan potentes que pueden conducir a la alienación política y a un control social absoluto. Son, pues, un arma de la empresa contra los sindicatos. Armas disuasorias para conseguir rebajas de las reivindicaciones sindicales: "pactas o te robotizo". En definitiva, estas tecnologías se sitúan en el núcleo del enfrentamiento del

Capital con el Trabajo, de la lucha de clases. (Las clases sociales existen por más que la izquierda violeta liberal quiera diluirlas en conceptos identitarios)

En este nuevo contexto surgieron los yupis, gente altamente armada de maquinaria informática, personas que trabajaban a tiempo completo, seres poderosos orgullosos de sí colocados al lado de la dirección, escarnio del trabajador normal. La aceptación masiva de la nueva tecnología, y estos nuevos seres laborales de alto rendimiento y alto consumo, conformaban la imagen precisa de cómo la nueva tecnología barrería a la clase obrera. No había forma de hacer frente a la nueva situación. Máxime observando cómo los yupis se convertían en modelos para los trabajadores. Abrazo sin contradicción a los objetivos de la empresa.

Samfrits Le Poole: "Cómo negociar con éxito". Editorial **Deusto.**

- "Si aceptase la primera oferta de la parte contraria, sólo conseguiría frustrar a su oponente, que se sentiría como un tonto por haberse extralimitado en su generosidad."

- "Las ofertas que resultan sorprendentemente bajas tienen otros efectos secundarios positivos: todo lo que venga después parecerá bueno, aunque jamás se deben adoptar posturas iniciales extremas."

- Negociador ideal: debe ser razonable, racional y realista. Además, conviene que sea paciente, ágil de mente, que conserve siempre la sangre fría, que sea flexible y capaz de situarse en el lugar del oponente.

- Cuanto más hable uno más aprenderá el oponente. Importancia de la inventiva, la creatividad y la perseverancia que lleva a no aceptar jamás un NO por respuesta.

- El buen negociador debe de disponer de una inclinación natural a asumir el mando y tomar iniciativas, así como poseer una mente analítica, capacidad de autocontrol y el don de la persuasión.

- El peor rasgo para un profesional sería el ansia de agradar. "Un negociador no puede evitar mostrarse poco razonable en algunas ocasiones".

- La actividad negociadora está vetada a quienes sean demasiado emotivos, tengan tendencia a entablar peleas o discusiones o un desmedido afán de autopromoción, careciendo al tiempo de espíritu de autocrítica y capacidad de introspección.

- No mentir nunca; no humillar al adversario y no decir jamás algo que no pueda apoyarse en argumentos sólidos. Conviene recordar que la parte contraria puede ser socio al día siguiente.

- Resulta importante conocer bien al oponente e, incluso, las costumbres y usos de su país. no es lo mismo negociar con los tunecinos que con los americanos. Es importante disponer del mayor caudal de información posible antes de sentarse a negociar.

- Es imprescindible estar al tanto de la situación financiera del adversario, sus problemas internos, sus características como negociador, su personalidad, las razones que le han llevado a sentarse en la mesa negociadora, su necesidad de llegar a un acuerdo o la capacidad real que tiene a la hora de tomar decisiones.

- Es necesario el juego limpio, pero hay que estar atento a la picaresca que en ocasiones caracteriza a las largas sesiones.

Este extracto muestra las características del enfrentamiento Capital-Trabajo, la necesidad de disponer de unas instrucciones -manual- para asegurarse la victoria en un momento en el que las fuerzas estaban muy igualadas. Hoy día esto ya no es necesario. El Sistema impone sus normas sin ninguna resistencia, sin necesidad de elaborar estrategias para intervenir las relaciones industriales. El enemigo, la clase trabajadora, ha sucumbido.

Curiosamente la aparición de estos nuevos entes no condujo al desánimo al pequeño grupo de tres que observaba y analizaba la implantación de la tecnología, sino que sencillamente tomaba nota del hecho y seguía pacientemente observando el desarrollo de los acontecimientos. Pero con sensación de derrota definitiva.

La empresa liquidó las prestaciones sociales, digitalizó masivamente el trabajo y externalizó las áreas menos rentables. En este proceso de seis años hubo muchísimas asambleas de trabajadores para escuchar las propuestas de la empresa expuestas por los sindicatos, discutirlas, rechazarlas, vuelta a empezar, … Hasta que CC.OO y UGT se unieron en la propuesta, el personal cansado de luchas, huelgas y asambleas se rindió y aceptó la disolución de la Institución de Previsión Social. Un bien más preciado que el propio salario pues aseguraba condiciones dignas de vida post jubilación.

Pero algo no funcionó como debiera respecto al trabajo. Un detalle, que estos tres habían supuesto pero que no creyeron, apareció: la nueva maquinaria, la tecnología informática, no servía por sí sola, era preciso una nueva forma de organizar el trabajo para conseguir el pleno rendimiento de la informatización del proceso productivo. La dirección lo comprendió, y empezó la fase final de la transformación laboral. O tal vez lo supiera desde el principio, pero esperó hasta que la tecnología fuera apoyada por la plantilla.

¿Por qué los trabajadores se adhieren fanáticamente a la introducción de tecnología innovadora en el proceso productivo? Aunque existe extensa literatura al respecto se puede proporcionar algunas razones. El imaginario colectivo lleva ya impreso, por el tiempo transcurrido desde la revolución industrial, que el progreso va asociado a la tecnología. Para el empresario supone un incremento de los beneficios y del control del proceso de trabajo. Sin embargo, para el trabajador la tecnología lo convierte en sujeto pasivo. Disminuye el empleo. Se intensifica el ritmo de trabajo. Aumento salarial importante para unos pocos. Surge, pues, un efecto inesperado, eficaz para la empresa, pero muy peligroso para el conjunto de los trabajadores: división de la fuerza colectiva. Dualización de la mano de obra: expertos y descualificados, con diferencias significativas de condiciones de trabajo y salarios. Otro aspecto negativo, aunque muy sutil, es la valoración que la empresa hace de cada trabajador en función de su capacidad técnica. Mayor consideración hacia a aquellos trabajadores que utilizan tecnologías complejas. A pesar de estos aspectos negativos la adhesión a la tecnología es total por el aspecto simbólico que conlleva: avance, vanguardia, modernización, superación, reconocimiento y mejora de estatus. A lo que hay que añadir la necesidad de agarrarse a la nueva máquina para salvar el propio puesto de trabajo. Representa avanzar en la propia carrera laboral, aspecto relacionado con el sentimiento de mayor reconocimiento por la dirección de la empresa y los compañeros. Sin embargo, esta cualificación en el trabajo es más una connotación imaginaria que real. La máquina, como primer efecto y más evidente, simplifica las funciones y las tareas. Elimina al experto artesano que debe manejar varios conocimientos para la realización de sus tareas. En la medida en que la máquina se hace más inteligente, más versátil, o está mejor equipada para realizar tareas variadas y complejas, precisa menos mano de obra; es decir, menor acompañamiento de un ser humano, y, además, le es suficiente con un ser humano con escasos conocimientos.

Por ejemplo, el operador de una central telefónica electromecánica sabía todo el esquema de cableado de la misma siendo capaz de encontrar la avería y restaurar el tráfico telefónico. En una central digital dispone de una consola que le indica las coordenadas de la tarjeta que debe sustituir. No conoce más de esta nueva central telefónica. Las nuevas tecnologías ocasionan una merma de facultades respecto al proceso productivo. Pérdida de autonomía frente a la máquina. Al mismo tiempo se da un proceso rápido de interiorización de la autoridad empresarial. Estas máquinas basadas en la informática acotan la actividad a las normas que ya están introducidas en el programa informático. La iniciativa del trabajador desaparece puesto que sólo se le permite hacer lo que decide la máquina. Un sencillo apunte de un pedido sólo puede recoger los aspectos que quiere el ordenador, los campos abiertos en su programa informático. Las modificaciones no pueden salirse de lo establecido. El trabajador se adapta a la máquina; la gerencia recupera el control total del proceso laboral. El equilibrio de poder Capital-Trabajo se ha roto, y ha desaparecido la clase obrera como clase política. Porque comprendieron esto los tres de ese pequeño centro de trabajo tuvieron la sensación de derrota ante la implantación de las nuevas herramientas de trabajo, llamadas nuevas tecnologías. Sucesivamente políticos, direcciones sindicales, intelectuales fueron abandonando el interés y el estudio del trabajo como hecho social. Se conformaron con gestionar los conflictos – fricciones en este nuevo entorno de aceptación general de la nueva situación.

La correlación de fuerzas basculó totalmente a favor de la empresa porque tenía objetivos, estrategia y táctica. Mientras que los objetivos de los sindicatos se habían cumplido. Especialmente los de CC. OO, que fueron la lucha por traer la democracia a España y la mejora de las condiciones de trabajo. UGT no existió, o era efímera, en esa parte del proceso. Alcanzada la democracia y gobernando el Partido Socialista Obrero Español al que se le calificó de izquierdas, el objetivo era el establecimiento de relaciones laborales no conflictivas. Olvidaba con esta posición que el trabajador siempre está en conflicto pues el Capital necesita exprimirlo contantemente ya que su función es la obtención de beneficios. A quien favorece la inexistencia de conflicto es al que lo ocasiona con sus condiciones laborales, al Capital. Obviaba, igualmente, que el Capital no tiene inconveniente en disfrazarse de dictadura, democracia o … de la forma que precise para mantener la tasa de ganancia. Sin ideología, cuerpo conceptual que justifique los objetivos, no puede haber estrategia, ¿para qué se quiere?, ni tampoco táctica. Sólo remiendos a una realidad nueva que iba surgiendo sin protagonismo político de la clase obrera.

Las reflexiones y análisis realizados en aquella época muestran la percepción del impacto que supondrían las tecnologías que habían irrumpido en el mundo industrial:

EL ORDENADOR PERSONAL ¿RESULTADO DE LA EVOLUCION?

La discusión que se está dando últimamente en CC.OO y entre los trabajadores y trabajadoras de telefónica, está motivada por la irrupción de la informática en el entramado tecnológico. El PC es la estrella del mo*mento.*

Y como siempre se dividen las opiniones: unos piensan que hay que cobrar más salario porque esta máquina con sus funciones no estaba en el contrato laboral. Otros, guiados por la agudeza intelectual de algún Genio, afirman que no hay tal novedad si no que el lápiz, por evolución natural se transforma en máquina de escribir; ésta siguiendo las leyes descubiertas por Darwin, evoluciona a máquina de escribir eléctrica, luego a máquina de escribir electrónica y, por fin, el último paso, es un ordenador personal.

1. ¿QUÉ DIFERENCIA A UN ORDENADOR DEL RESTO DE LAS MÁQUINAS?

Interesa llamar la atención, porque es lo que menos se tiene presente, sobre el **microprocesador,** el elemento básico y fundamental del ordenador: una pastilla de silicio u otro material equivalente no mayor de un centímetro cuadrado (no cesa de reducirse) que permite hacer millones de operaciones por segundo (su velocidad aumenta continuamente). Esta piececita, **unidad lógica y aritmética del ordenador,** es la que hace a estas máquinas diferentes de todas las anteriores. No hay tal proceso evolutivo. (No es preciso señalar la inversión que se produce en la materia prima necesaria para su construcción y la energía que consumen. Estos dos parámetros son cada vez menores).

Los ordenadores son mucho más que simples calculadoras o máquinas de escribir. Son máquinas **capaces de encargarse del procesamiento matemático y lógico. Combina las funciones de almacenamiento y transmisión de información con la de automatización del control. Recogen, registran, manipulan y entregan grandes bloques de información al instante.**

Otro elemento diferenciador de los ordenadores (esas máquinas que nuestro Genio decía ser la evolución natural del lápiz) es que **reducen bruscamente el número de fases de cualquier proceso de trabajo.** Por ejemplo: ¿Qué pasa en las aplicaciones de tipo administrativo? Sirven de máquinas de escribir veloces, de calculadoras, como medio de registro y acceso a la información. Pueden formar parte de sistemas de comunicación. Bien, pues además de eso pueden realizar una tarea totalmente nueva y diferente: **centralización** del control y gobierno. Es decir, la dirección del proceso de trabajo, las decisiones y la información están cada vez más concentradas en un número menor de personas.

2. LA MAQUINA DE LOS MIL ROSTROS

Si hemos comprendido que los ordenadores son máquinas muy poderosas que escapan al control de la mayoría; que sólo una minoría de expertos, al servicio de la dirección, las controlan e introducen en el software las órdenes que el trabajador debe seguir, es fácil deducir que:

- La estructura de la empresa se modifica profundamente. (Estamos en el comienzo. No se ha alcanzado el momento álgido de organización).

- Afecta profundamente a la configuración de la gestión, administración y mano de obra. "La mayor parte de la maquinaria de oficina servía para mecanizar las tareas rutinarias tradicionales, pero el nuevo equipo microelectrónico va mucho más allá, **cambiando la estructura misma de dichas tareas y exigiendo alteraciones radicales de la organización del trabajo.** El resultado no será solo la desaparición de muchos trabajos actuales, cosa que se notará especialmente en el empleo femenino, sino que se requerirán conocimientos muy especiales. La dirección de una oficina automatizada será algo bien distinto de la actual, aunque después de todo son previsibles muchas dificultades en la transición y de seguro será necesario un planteamiento nuevo de los conocimientos que harán falta, junto con los métodos educativos para lograr su adquisición". (Club de Roma,1982).

- La información es una nueva materia prima.

- Los procesos y criterios con que se organiza el trabajo tienen características de fuerzas de trabajo técnicas.

- El registro central de datos equivale a fortalecer el poder centralizado, aunque aparentemente sirvan para descentralizar: descentralización de tareas, centralización de la información y de las decisiones.

- Aumenta la productividad. (Más del 50% del trabajo de oficina es automatizable. La productividad del mecanógrafo aumenta en un 3000%. (Informe del Club de Roma. 1982).

- Crecimiento enorme de la movilidad dentro del centro de trabajo.

- Puestos de trabajo que desaparecen, otros se devalúan y algunos, muy pocos, se cualifican.

- Aislamiento del individuo en el puesto de trabajo y monotonía.

- Permite forzar a la plantilla a realizar funciones fijadas de antemano asumiendo fácilmente reglas de organización y asegurando la aceptación de los objetivos y la línea de la dirección.

- Limitan la autonomía. Intensifican el control de comportamiento laboral. (Podría, finalmente, vigilar la conducta cotidiana del trabajador).

Como no es cuestión de aburrir mostrando esos mil rostros, sólo decir que el ordenador actúa en las junturas del sistema. Que esta revolución industrial-laboral no es tanto contra los componentes de los sistemas tecnológicos, sino que **afecta a las relaciones entre sus elementos**, al **código mismo** bajo el **cual son diseñados**, a **la filosofía del conjunto.**

3. EL ORDENADOR, UNA MAQUINA EZQUIZOFRÉNICA

Por tanto, no se puede hacer un análisis serio tomando como referencia al PC aisladamente, sino que es necesario observar todo el conjunto como una globalidad. Antes de terminar conviene mencionar cómo afecta esta máquina a la cultura y por ende a la psicología individual y de masas.

El pensamiento humano tiene dos facetas fundamentales:

- La racional y analítica que está asociada al cálculo, la lectura, y la escritura.

- La intuitiva, asociada al reconocimiento de imágenes y símbolos, habilidades etc. Representa el aspecto creativo.

Ambas son complementarias.

El ordenador altera el equilibrio de nuestros procesos mentales fomentando una de las facetas (la racional y analítica) que componen el pensamiento. Su aplicación a los asuntos humanos introduce la racionalidad mecanicista en las relaciones sociales, las cuales son sobremanera informales e intuitivas.

Cada cual puede sacar sus conclusiones. Pero conviene tener presente que este "chisme" acaba de nacer y ya se ven algunos rasgos del monstruo. No nos va a resultar fácil controlarlo. Sólo si desde ahora comenzamos a imponerle normas de conducta; es decir, si conseguimos poder real sobre la organización de los procesos laborales podremos despertar en él, el aspecto humano de este moderno doctor Jekyll & Hyde que lleva en algún recóndito lugar de sus entrañas.

Resumiendo:

- **El ordenador, apoyado en las comunicaciones, es el sistema nervioso de todo el sistema tecnológico.**

- **Tiene una personalidad esquizofrénica: seduce a los trabajadores y trabajadoras al tiempo que modifica hasta su psicología.**

- **Su potencia y versatilidad es tal que en cada situación puede ofrecernos un rostro distinto. Pero ese rostro sólo es la máscara de su auténtica identidad: sirve a su señor.**

G. M. J. 1986

El discurso dominante presenta a la tecnología como algo neutro. Sin embargo, detrás de cada opción tecnológica, hay estrategias políticas y económicas. MT, victoriosa con la implantación del cambio de cultura empresarial y la colocación de la nueva tecnología, exprimió el momento para dar una vuelta de tuerca más. Nueva organización del trabajo.

La GRAN EMPRESA determina las condiciones de trabajo de las pequeñas y medianas empresas. Por esto es inexcusable conocer los procesos y transformaciones que suceden en las empresas más avanzadas.

Decía Karl Marx, en la década de los sesenta del siglo diecinueve, que los medios de producción determinan las formas de organizar el trabajo y el conjunto de las relaciones políticas. Cuando se ha producido una transformación tan importante y significativa de los medios de producción, de las herramientas de trabajo muchas de ellas casi virtuales, casi inmateriales, se precisa una reflexión profunda sobre los efectos que tendrán sobre nuestras vidas. Sobre nuestro mundo particular, familiar, relaciones sociales, perspectivas de desarrollo personal, control social, creatividad y pensamiento. Porque es factible que se vuelva a una nueva edad media altamente tecnologizada. Estudiar la organización del trabajo en la gran empresa en particular es porque prefija el modo de trabajar en el resto de empresas al condicionarlas por los segmentos productivos que les son asignados.

El lugar de trabajo es un ámbito de encuentro, de relaciones sociales; socialización del individuo. Crea sentimientos de pertenencia a un grupo, reforzamiento de la propia identidad. Surgen los grupos de apoyo mutuo importantísimos para el equilibrio personal ante la adversidad. Es un espacio de contacto humano imprescindible para las personas. La persona se realiza como tal aportando su saber hacer a la sociedad. Valorización del individuo, reconocimiento, autoestima que deriva del reconocimiento del grupo, satisfacción por el trabajo bien hecho. Valores necesarios para la construcción de la persona como tal. La quiebra de la identidad convierte al trabajador colectivo en trabajador fragmentado, prima la competitividad frente a la solidaridad, altera la estabilidad del vínculo social

---

[13] Guérin, Laville, Daniellou, Duraffourg, Kerguelen: *"Comprender el trabajo para transformarlo. La práctica de la ergonomía"*. Ed. Modus Laborandi. 2009.
Jean-Jacques Chanaron et Jacques Perrin: "Science, technologie et modes d'organisation du travail". Sociologie du travail, nº 1-86.

Marin Ledun: *"Perros de porcelana"*. Alienta Editorial. 2011

generando incertidumbre tanto individual como colectiva. No hace falta extenderse en estos aspectos pues la sociología lo ha estudiado profusamente[13].

¿Cuál es el vórtice sobre el que se atornillan las transformaciones? El cambio cultural empresarial. "La cultura empresarial es una manera de que los trabajadores hagamos las cosas que la empresa quiere que hagamos sin necesidad de capataz y sin necesidad de reglamento. Es intentar imbuirnos a todos de que tenemos que hacer las cosas de una determinada manera." (José Manuel Morán, presidente de la Comisión Delegada de FUNDESCO, Fundación para el Desarrollo de la Función Social de las Comunicaciones)

Ser competitivos para mantener el empleo, equivale a aumento del esfuerzo y del tiempo de trabajo.

"Si miramos hacia atrás, y en particular la historia de los últimos siglos, vemos que en todos los pueblos persiste una preocupación: intensificar el trabajo del cerebro y de los brazos. La sociedad moderna se fatiga siempre más vertiginosamente con instrumentos preparados cada vez mejor para multiplicar y hacer que el trabajo de los músculos y de la inteligencia sea siempre más productivo.

La ampliación prodigiosa de las industrias, la velocidad siempre mayor de las máquinas nos persigue, y la prisa nos llevará a crecer siempre más, hasta el extremo, hasta allí donde la ley del agotamiento pondrá un límite insuperable a la avaricia de la ganancia."

Angelo Mosso, "La Fatica", 1905.

¿Cómo se doblega, se somete, al trabajador? Con el cambio permanente de puesto de trabajo para evitar la inercia personal, pero también, y, sobre todo, para impedir el resurgimiento de los grupos de apoyo. La dirección exige nuevas actitudes: el interés del trabajador debe ser el mismo que el de la empresa.

En este nuevo esquema la identidad es sustituida por el individualismo. La competitividad sustituye a la solidaridad. El vínculo social se vuelve inestable y tiende a vertebrarse sólo sobre la posición que se ocupa en la escala social, por tanto, sobre la capacidad de consumo. La ruptura de la identidad emanada del trabajo rompe también la idea del trabajo como valor, convirtiéndolo en un simple "bien" material. Desaparecido el trabajo como valor, es sustituido por el consumo, nuevo valor. Dado que el consumo se realiza externamente al ámbito laboral, el valor del trabajo también se externaliza en formas de imagen, exhibición, determinada por el consumo. La certidumbre da paso a la incertidumbre.

"Durante decenios la industria ha fraccionado cada vez más todo el proceso de trabajo en la producción en serie, para sacar de la fuerza de trabajo hasta la última gota y la máxima explotación. Pero este proceso infrahumano no va con los tiempos en que vivimos. Hace tiempo que los empresarios han descubierto las otras fuerzas productivas: inteligencia, creatividad, estar contento y satisfecho en el trabajo" (Ideario de la OPEL-Alemania).

Se trata de agotar los recursos físicos y mentales del individuo, con mayor carga de trabajo, mayores ritmos, gran variedad de turnos, prolongación de la jornada, disponibilidad permanente, etc.

La nueva organización del trabajo se construyó con:

- **Círculos de Calidad**. Pequeños grupos de voluntarios dentro de un departamento o área de trabajo con reuniones periódicas para detectar fallos y buscar soluciones dentro de un esquema global de calidad total. Pueden ser interdepartamentales. La mayor parte de las veces se crean en un momento dado para solucionar un problema concreto.

- **Grupos de Trabajo:** son permanentes. Se crean de cara a la producción. Funcionan bajo la presión constante de inventar mejoras y aplicarlas en el grupo. Estos grupos se responsabilizan del control de los presupuestos, administración, formación y cualificación de los nuevos integrantes del grupo, recuperación de bajas, mantenimiento de las máquinas y herramientas etc. Se constituyen siguiendo un proceso de definición de los objetivos, requisitos, cometidos, cronograma, composición del grupo, reuniones etc. Según los impulsores de esta metodología de trabajo, estos grupos son una suma de democracia y participación. Sin embargo, la participación siempre se limita al círculo de actividad del grupo. Tanto en los Círculos de Calidad como en los Grupos de Trabajo no se admiten elementos extraños: los no cualificados, los trabajadores mayores, los emigrantes. Porque el trabajador no cualificado es incapaz de trabajar multifuncionalmente. Todos los miembros del grupo deben saber realizar las tareas del resto del grupo para poder ser sustituidos en caso de ausencia de algún miembro. Los trabajadores mayores no pueden soportar físicamente el ritmo de trabajo. El emigrante no es capaz de comunicarse con el resto de los compañeros y rompe la homogeneidad del grupo al tener otro color u otra cultura. La homogeneidad es garantía de compenetración entre los miembros del grupo y de obtención de resultados.

- **Grupos Semiautónomos de Trabajo.** Son semejantes a los anteriores. Los rasgos principales que les caracterizan son: Tamaño reducido, no superior a 15 personas. Estables. Se encargan de una actividad definida. Las tareas de cada miembro del grupo tienen relación con las de los demás. Todos pueden intercambiar sus puestos de trabajo. Pueden adelantar o retrasar la finalización de la tarea. Este aspecto está quedando en desuso por la tendencia al stock cero. Tienen los medios suficientes para resolver sus problemas sin depender del exterior más de lo previsto. No tiene jefes intermedios.

"Lo de la calidad total es una vuelta de tuerca más. Lo de la calidad total es convencernos de que a quien hay que atender es al cliente de fuera. Todo lo de la calidad total es un intento más de rebajar costes y de tratar de satisfacer al cliente. De tratar de conquistar al cliente. De lo que te tienes que preocupar es de los precios a los que está el mercado. Tienes que mirar hacia fuera a ver cuál es el listón que han puesto en el mercado. Y saber que si eres capaz de producir por debajo de ese listón ganarás. Tendrás beneficios. Entonces seguirás en el mercado". (José Manuel Morán, presidente de la Comisión Delegada de FUNDESCO, Fundación para el Desarrollo de la Función Social de las Comunicaciones).

- **"Organizaciones aprendientes"**: El concepto significa que toda la organización, la empresa en su conjunto, está en un proceso de aprendizaje, de aumento rápido de conocimientos nuevos y creativos. "Es que encima seamos felices en la empresa; que seamos creativos; que demos ideas porque solo con la calidad total no vale. A veces los competidores te ganan porque son creativos. Y entonces de lo que se trata no es de vender un producto sino incluso de imaginar nuevos productos. Eso requiere creatividades y comportamientos casi empresariales en toda la organización". "El nuevo tópico de las organizaciones aprendientes está intentando que nos realicemos a través del trabajo". (José Manuel Morán)

Este tipo de organización permite conocer la parte de la producción, áreas del trabajo, que no es competitiva. Una vez conocido este dato se toman decisiones como la externalización de esa parte de producción traspasándola a empresas pequeñas en condiciones draconianas. O creando empresas diferentes de la matriz para implantar condiciones de trabajo beneficiosas para la matriz. Se parcializa la producción para un mejor control y mayor productividad. La empresa se internacionaliza disminuyendo los sistemas de control nacionales. Se rompe el colectivo como grupo debilitándose como fuerza reivindicativa y de control. Estos movimientos sirven para ajustar la organización del trabajo con miras a la obtención de unos índices de producción determinados. Como consecuencia se produce un excedente de personal, que queda aparcado en algún centro de trabajo o se le jubila anticipadamente. Emerge la inseguridad y, como consecuencia, el malestar que ahora, desprotegido del grupo de apoyo, cada trabajador lo vive aisladamente, sin posibilidad de respuesta.

El incremento de productividad se consigue siempre sobre el esfuerzo de los trabajadores, ya sea intensificando la fuerza de trabajo o introduciendo maquinaria que elimina puestos de trabajo que a su vez acentúa más el esfuerzo del personal.

Las múltiples modificaciones que se incorporaron en las relaciones industriales no tuvieron respuesta sindical estratégica, sino sólo respuestas parciales y aisladas las unas de las otras. Los sindicatos no percibieron la profundidad de los cambios ni el hilo conductor de los mismos; no fueron conscientes de la estrategia empresarial.

Las transformaciones no olvidaron ningún aspecto o rincón laboral. Las categorías laborales se redefinieron por completo. Por ejemplo, los administrativos pasaron a ser ofimáticos. No era un simple cambio de nombre, pues debían trabajar con la informática como herramienta básica. ¿Esto qué significa? Supóngase un administrativo del área de control de facturación. Esta área inspecciona las cuentas de la empresa. Un administrativo puede dedicarse al control de la facturación internacional, otro a los gastos internos del departamento equis, etc. Está manejando papel, las facturas tangibles. Su labor fundamental es controlar que las facturas estén correctamente formuladas. Dispone de una máquina de escribir eléctrica para redactar pequeños informes, informar de la documentación que transfiere a otro departamento, solicitar una información, etc. Al convertirse en ofimático lo primero que hace al empezar la jornada es encender el ordenador. En pantalla aparece su tarea para el día y sobre lo que debe trabajar, las mismas facturas, pero esta vez informatizadas. Previamente alguien ha convertido el papel en documento electrónico capacitado para ser manipulado. Este ofimático controlará que las facturas estén presentadas correctamente, hará los asientos contables oportunos introduciendo datos en los formularios previamente creados, elaborará balances, etc. que enviará a un fichero que recibirá otro trabajador de su departamento o de otra sección. O podrán acceder a él varios trabajadores de secciones diferentes para realizar otros procesos. Se trabaja en red. Recibe documentos, elabora otros con la documentación manipulada y reenvía a otros puestos de trabajo para que puedan realizar la tarea correspondiente.

Esta situación indica que cada empleado está pendiente de una máquina que le indica en cada momento las tareas a desarrollar, le marca el ritmo de actuación y está sólo ante una pantalla. Tiene que dar salida a las entradas pues el siguiente está esperando a proceder para no retrasarse porque también tendrá que dar cuentas de su actividad al siguiente. ¿La máquina marca el ritmo? ¡No! Es el programa desarrollado por alguien a quien otro alguien le ha impuesto las condiciones. Se tiene, pues, un operario polivalente. Se ha enriquecido su puesto de trabajo con nuevas funciones, tiene mayores exigencias, se le exige mayor formación, ritmo de trabajo superior. ¡Bienvenido al mundo del estrés! La gestión de la empresa puede reducir los grupos laborales y el número de empleados.

El panorama creado muestra un horizonte totalmente nuevo. El individuo está aislado, sólo con su ordenador. Dispone de un nuevo ser con el que conversar: diálogo persona-máquina. La máquina controla, ordena y decide cómo se realizan las tareas. Elimina la protesta (no existe ya un capataz-jefe al que protestar), descarta la discusión (si hacer las cosas de tal manera u otra), pues las cosas son así, como las presenta el rostro imperturbable de una consola tremendamente exigente, sin alma ni anécdotas que contar. Se ha parcializado la producción, se han individualizado los puestos de trabajo. Se rompieron definitivamente los grupos y redes de apoyo[14]. Solos ante las órdenes transmitidas a través de unos cables por algún ser todo poderoso del que se desconoce su rostro, sus sentimientos, sus emociones.

---

[14] Los grupos de apoyo en el trabajo son grupos informales que se constituyen espontáneamente entre personas que comparten unas actividades, problemas e inquietudes comunes. La relación es de igual a igual y se recibe ayuda de los demás al igual que se presta tanto para los problemas personales como los derivados de la actividad laboral. Por tanto, se produce una transacción de afectos positivos y provisión de ayuda entre los componentes del grupo, lo que permite que necesidades sociales básicas sean satisfechas por esta interacción. Es un determinante de bienestar subjetivo porque el individuo se siente querido, reconocido por los demás y, en consecuencia, satisfecho consigo mismo.

Estas modificaciones no quedan ahí. Impregnan el carácter del trabajador. Lo corroen, como el ácido a los metales. El primer sentimiento que se aviva en el alma del individuo es el de la subsistencia. Ahora ya no es un compañero de trabajo. El antiguo compañero ahora es un competidor. El avance de uno es un peligro para el otro, pues el que se queda atrás es eliminado pues sólo son escogidos los más eficientes. Es un "todos contra todos". Acapara trabajo para revalorizar el propio puesto: cuanta mayor actividad más imprescindible será ante la valoración de la gerencia. La formación permanente para no ser excluido es una necesidad perentoria. (Antes las empresas daban la formación a sus empleados en tiempo de trabajo. Ahora se la tiene que agenciar el trabajador en su tiempo libre). Individualización de los problemas. Se ha asumido que no existe lugar para todos, por tanto, hay que salir solos de los problemas. Esto se transforma en soledad. Y alienación en la medida que se acepta el discurso de la empresa, competir. Los intereses y objetivos de la empresa se consideran como propios. Transformación de la propia consciencia hasta convertirla en antagónica con su esencia humana, empatía, colaboración, ayuda mutua. Se pierde la identidad. ¿Qué papel juega la persona? ¿Qué significado tiene su actividad? ¿Quién soy? Incapacitado para comprender el entorno. Después del todos contra todos no queda nada. Pérdida de la ilusión. Desolación. El ciclo vital de la persona: 30-40 años para buscar un lugar en la sociedad. 40-50 años para estabilizarse. Después de los 50, sentimientos de realización personal, de autosatisfacción. Sin embargo, las necesidades de la competitividad hacen que a partir de los 50 años la persona sea aparcada, se le desprovea de toda actividad o se la jubile, a pesar de los conocimientos y de la experiencia. Destino: la papelera del mercado. Fracaso personal. Ruptura del estatus laboral. Pérdida de la autoestima. Desvalorización social. Pérdida de referencias personales. Desequilibrio. En definitiva: desestructuración del individuo[15].

En fin, no es necesariamente tan negro. Sobre el papel sí, pero la realidad ahí fuera es que muchos se encuentran en la misma situación por lo que se relativiza el problema y no se siente con tanta gravedad. Pero el conjunto de la clase obrera ha sufrido un deterioro profundo como individuos y como colectivo. Ha perdido su poder político de contrapeso a las fuerzas del mercado.

El conflicto laboral es una constante en la historia del capitalismo. Capital y Fuerza de Trabajo están enfrentados desde la aparición del sistema de producción capitalista. Mientras que el Capital no sólo busca beneficios si no que, además, necesita aumentar permanentemente la tasa de ganancias para no derrumbarse, el Trabajador quiere vivir dignamente. Espera realizar su trabajo en condiciones que no deterioren sus capacidades físicas ni mentales, y recibir, a cambio de ese trabajo, un salario que le permita su desarrollo personal. Estos intereses del Capital y de los Trabajadores son irreconciliables. Constatación evidente, pues los beneficios del Capital sólo pueden surgir del esfuerzo de la mano de obra. El Capital aumenta sólo si los trabajadores reciben menos (menos salario, menos tiempo libre...) y/o dan más (más horas de trabajo, mayores ritmos...). Como consecuencia de la modernización de la

---

[15] Richard Sennet: *"La corrosión del carácter: las consecuencias personales del trabajo en el nuevo capitalismo"*. Anagrama. 2006

tecnología y los procesos productivos y de organización del trabajo, los empleados tienen que enfrentarse a niveles elevados de incertidumbre e inseguridad que minan su desarrollo personal y su salud emocional. Este conflicto no se ha resuelto. En cada momento histórico, en función de la fuerza de cada una de las partes, se imponen unos objetivos u otros, los del Capital o los de la clase obrera. El escenario de este conflicto es la organización del trabajo. Este determina las Relaciones Industriales, y las relaciones de poder, no sólo en las fábricas y oficinas sino también en la sociedad. Se planifica con vistas a la dominación y control de los trabajadores y de sus organizaciones. Este principio rige, también, en la forma de emplear y de aprovecharse del trabajo. La organización del trabajo es, por tanto, el resultado de la confrontación del Capital-Trabajo, ejerciendo un fuerte impacto la fuerza y las luchas obreras. Es evidente que los sistemas de organización del trabajo no sólo son modelos de producción industrial y modelos económicos, sino que son, sobre todo, sistemas de dominación y control político-ideológicos de los trabajadores y de la sociedad.

Del horizonte español desapareció la industria pesada. Con la promesa de crear nuevas industrias modernizadas se destruyó todo el tejido industrial. Las grandes empresas de servicios, energéticas, telecomunicaciones, transporte comenzaron su reconversión-adaptación a la nueva situación: competir con poderosas empresas europeas. Despidos, paro, miseria. El malestar social explotó el 14 de diciembre de 1988 en una huelga general de tamaño y contundencia desconocida hasta ese momento. Los trabajadores y la sociedad se volcaron en el esfuerzo para que el éxito fuera total. Fue un enfrentamiento general del pueblo contra la reforma laboral que quería implantar el Partido Socialista Obrero Español, PSOE, todavía hoy votado por la mayoría de la población. La modernización socialista quería reformar el mercado laboral abaratando despidos e introduciendo contratos temporales para la juventud con el objetivo de converger hacia el neoliberalismo.

"Por el cambio", consigna del PSOE para las elecciones generales de 1982 en las que arrasó en votos. Mayoría absoluta y desaparición del contrario, UCD (Unión de Centro Democrático, partido de derechas). Seis años más tarde mostró su rostro, pero ni eso fue suficiente para que la población ensimismada en esa Europa que viene se cuestionara el discurso de la obscena tribu (PSOE) dominante. De nuevo en 1992 volvió a ganar las elecciones generales.

El momento cumbre fue la huelga general del 14 de diciembre de 1988. A las 00 horas, se cortó la señal de televisión. Alguien fue lo suficientemente valiente para bajar el interruptor que cortó la corriente eléctrica. Fue la señal de que la huelga comenzaba y que sería un éxito. Un desafío total al Gobierno. Un éxito social sin precedentes: todo el país en la calle. El detonante de la huelga fue el Plan de Empleo Juvenil. Detrás acumulaba las reconversiones industriales con sus medidas de recortes y austeridad, ajustes salariales, precarización del empleo. Quiso avanzar un paso más, precarizar aún más el empleo juvenil[16].

---

[16] "la huelga del 14D fue una huelga singular, mayúscula e irrepetible. La primera huelga después de la dictadura franquista y de la primera convocada por los sindicatos y particularmente UGT,

Las motivaciones del paro fueron: exigir la retirada del Plan de Empleo Juvenil, concebido por el Gobierno para precarizar los contratos, la creación de más y mejor empleo, la mejora de las pensiones y la cobertura a los parados, derechos sindicales para los empleados públicos y revisión salarial de los colectivos dependientes de los Presupuestos Generales del Estado. Estas reivindicaciones legitimaron plenamente la huelga ante la opinión pública.

---

contra el PSOE en el Gobierno". Nicolás Redondo, secretario general de la UGT de 1976 a 1994.

"En el año 1988 la economía creció el 5,8% del PIB, pero esa situación económica más favorable no se trasladaba a trabajadores y ciudadanía cada vez más precarizados". Nicolás Redondo.

"Los años de Gobierno del PSOE se caracterizaron por "políticas de ajuste y austeridad con los consiguientes recortes sociales reduciendo el poder adquisitivo de los trabajadores y pensionistas, la cobertura por desempleo y demorando la aplicación de acuerdos y estableciendo una reforma del mercado de trabajo muy favorable a los intereses empresariales". Nicolás Redondo

"El resultado fue un éxito rotundo de la convocatoria que sentó las bases de la unidad de acción entre las grandes centrales sindicales, ayudó a definir el modelo sindical basado en la autonomía e independencia y consolidó la posición de los sindicatos en España y puso los pilares del actual Estado de Bienestar estableciendo nuevas medidas de protección social como la asistencia social o de las pensiones no contributivas".

"Los trabajadores y la gran mayoría de los ciudadanos secundaron la huelga a pesar de las excesivas campañas del Gobierno para evitarlas desprestigiando a los sindicatos, descalificando sus reivindicaciones, estableciendo servicios mínimos abusivos o pretendiendo desestabilizar, en concreto, a UGT". Nicolás Redondo.

La huelga del 14 de diciembre de 1988 fue el gran éxito de la clase obrera. En dos aspectos. Los sindicatos mostraron su capacidad para organizar un paro de esta dimensión[17] y manejaron la información magistralmente para que toda la población se sumara a la misma. Sin embargo, fracasó. Sólo consiguió retazos de sus reivindicaciones. A partir de ese momento se alentó la división dentro de CC.OO y el Gobierno se llevó por delante la dirección más competente que ha tenido la UGT. En 1996 ya habían desaparecido las direcciones sindicales que organizaron el 14D, inaugurándose una política de buena vecindad con el poder político[18].

En esta década se destruyó más de un millón de puestos de trabajo[19].

La reconversión no supuso el fortalecimiento del sector público. Al contrario, el sector público se privatizó en

---

[17] Este paro no era una huelga más. Fue el enfrentamiento frontal contra las fuerzas dominantes, políticas y económicas, contra un gobierno que se proclamaba de izquierdas, algo equivalente a decir que defendía los intereses de los trabajadores, aunque sus políticas lo desmintieran.

[18] En CC.OO comenzó una profunda purga de toda disidencia por pequeña que fuera, siendo la muestra más palpable la destitución de Marcelino Camacho de la presidencia. Daba comienzo una nueva forma de hacer sindicalismo. En UGT dejando caer la cooperativa de viviendas, PSV, para llevarse por delante toda la dirección del Sindicato, especialmente a su secretario general Nicolás Redondo. En CC.OO, alentando la división interna,

[19] En 1988 la población española era de treinta y nueve millones de personas. La población activa de 14,6 millones y la población ocupada 11,7 millones. Fuente, "Mercado de trabajo en España (1974-1988) y política económica". Joaquín Novella Izquierdo, Universidad de Barcelona.

una desvergonzada transferencia de capital público al privado. Una especie de empobrecimiento colectivo para enriquecimiento de círculos privados, surgiendo un sector privado dominante al que se subordinaron y condicionaron las posibilidades de acción y crecimiento de lo público. Se perdió la ocasión de construir una economía mixta pública-privada. El ministro de economía llegó a decir que la mejor política industrial es la que no existe.

Así hemos llegado a 2022 con un sector industrial que representa el exiguo porcentaje del 12 % del PIB, con más del 85 % de empresas con menos de 9 trabajadores[20]. Este simple dato indica que el empleo es de baja calidad, poco o nada especializado, sin atractivo, bajos salarios, sin horizonte ni de crecimiento ni de realización personal. Resultado, depauperación de la clase obrera, y, como consecuencia de la misma, cambio mental, cambio ideológico, rechazo a las fuerzas políticas que se hacen llamar de izquierdas porque se muestran incoherentes y no ofrecen ninguna seguridad. Aparecen ante la sociedad como entidades o instituciones inconsistentes. Se vaciaron de contenido ideológico.

La sociedad tiene estructura de malla. Conviene fijarse bien en esta figura. Una malla puede estar trenzada homogéneamente o tener tensores de reforzamiento o nodos de reforzamiento que sostienen con fuerza el entrelazado. Los tensores de reforzamiento y los nodos son los que dan consistencia a la estructura. Modificar esta malla es tremendamente difícil. Sólo es posible si todos los hilos que conforman la red tiran al unísono en

---

[20] EPA, segundo trimestre de 2022.

todas las direcciones. Y aun así no podrán romper todos los nodos. La sociedad es esta malla. Los nodos son la ingente cantidad de instituciones entretejidas entre sí que se sustentan unas a otras. Los tensores son las fuerzas que administran estas instituciones, yan sean policiales, militares o su extraordinaria capacidad de provocar intereses opuestos en la población motivando la desmembración social. Por esto, la estrategia para transformar una sociedad no se cimenta sobre la huelga. Ésta es una herramienta táctica; para alcanzar objetivos provisionales. Aquí residen los límites de la huelga del 14-D de 1988. Además de que su objetivo no era la transformación de la sociedad, sino una ligera corrección del rumbo gubernamental. Se planteó para impedir una reforma laboral, no para construir otras relaciones industriales. Desde esta perspectiva fue un éxito, retrasó varios años la implantación de contratos laborales de servidumbre.

BIBLIOGRAFÍA

Mike Cooley: "¿Arquitecto o abeja? La relación de los seres humanos con la tecnología". Ed. Prensa de South. Boston. 1982

J. Dietzgen: "L´Essence du travail intellectuel". Ed. François Maspero. 1973

B. Coriat: "Ciencia, Técnica y Capital". Ed. Blume. 1976

T. Negri: "Del obrero-masa al obrero social". Ed. Anagrama. 1980

JJ. Castillo: "Las nuevas formas de organización del trabajo". Ministerio de Trabajo. 1980

David y Ruth Elliot: "El Control popular de la tecnología". Ed. Gustavo Gili. 1980

M Haraszti: "A destajo". Ed. Montesinos. 1981

B. Ramazzini: Tratado de las enfermedades de los artesanos". Ed. Ministerio de Sanidad y Consumo. 1983

Comité Coordinador de la empresa Lucas Aerospace: "Consideraciones relativas a los acuerdos sobre introducción de nuevas tecnologías". 1983

T. Bottomore: "Diccionario del pensamiento marxista". Ed. Tecnos. 1984

Revista Sociológica del trabajo: "Nuevos sistemas de producción. Las consecuencias para la formación y el trabajo en la fábrica del futuro". Ed. Siglo XXI. 1987

JJ.Castillo: "La ergonomía en la introducción de nuevas tecnologías en la empresa". Ministerio de Trabajo y Seguridad Social.1989

Charley Richardson: "La calidad total, trucos y trampas". Universidad de Massachusetts. 1989

C. Prieto: "Condiciones de trabajo. Un enfoque renovador de la sociología del trabajo". Ed. S.XXI 1990.

A. Gorz: "Metamorfosis del trabajo". Ed. Sistemas. 1991

A. Minc: "La nueva Edad Media. El gran vacío ideológico". Ed. Gallimard. 1993

B. Coriat: "Pensar al revés. Trabajo y organización en la empresa japonesa". Ed. S.XXI. 1993

K. Satoshi: "Toyota i Nissan, làltra cara de la productivitat japonesa. El punt de vista dels treballadors". Ed. CONC. 1993.

J. Petras: "Informe Petras" Ed. Ajo Blanco. 1996

J.I. Gil: "Trabajo en equipo: la esencia del cambio". Ed. CC.OO. 1996

A. López Peláez: "El trabajo robotizado". Ed. Sistema. 1996

J. Aguinaga Roustan: "Cambios de hábitos en el uso del tiempo". Ed. Ministerios de Trabajo. 1997

Pierre Bourdieu: "Poder, derecho y clases sociales". Ed. Desclée de Brouwer. 2000

Robert Linhart: "De cadenas y de hombres". Ed. S.XXI. 2003

L Mumford: "Técnica y civilización". Alianza Editorial. 2006

Varios: "El paro general del 14 de diciembre de 1988". Ed. Fundación Francisco Largo Caballero. 2013.

Javier Tébar y José Babiano: "14D, historia y memoria de la huelga general: El día que se paralizó España". Ed. Los libros de la catarata. 2018.

Elvira Lindo, Manuel Rivas, Benjamín Prado y otros: "Conciencia de clase (vol. I). Historias de las comisiones obreras. Ed. La Catarata. 2020.

Daniel Bernabé, Nativel Preciado, Aitana Castaño y otros: "Conciencia de clase (vol. II). Historias de las comisiones obreras". Ed. La Catarata. 2021.

III. RESURGIR

Tras la implantación de aquellas nuevas tecnologías la acción sindical[21] se transformó. Desde finales de los setenta hasta principios de los noventa del siglo XX la acción sindical destacó por la discusión y el debate. Las asambleas de trabajadores. La acción sindical estaba centrada esencialmente en las grandes empresas. Periódicamente se realizaban asambleas en la hora del bocadillo o en horas acordadas con las empresas, pues era un derecho que recogía el Estatuto de los Trabajadores. Las propuestas de los sindicatos se discutían con todos, y no les quedaba otra opción más que recoger el sentir de los empleados. Ir de espaldas a éstos era perder la representación en las próximas elecciones sindicales.

En CC. OO militaba la parte más comprometida de la clase trabajadora. Como sindicato sociopolítico desarrollaba su acción no sólo en los centros de trabajo sino en todos los aspectos que afectaban a la sociedad. Había comprendido, como organización, que la actividad humana no se puede parcializar, que el trabajo como las condiciones materiales de existencia surgidas en la sociedad le afectan como fenómeno unitario. Por eso sus señas de identidad: sindicato sociopolítico. Aunque los militantes[22] procedían de la misma rama ideológica había

---

[21] La acción sindical es la actividad de los sindicatos: afiliación, creación de secciones sindicales en las empresas, debates, elaboración de catálogos con las reivindicaciones de mejoras laborales, debates socio-políticos, elecciones sindicales, elaboración de estrategias tanto para el crecimiento del sindicato como para la consecución de mejoras.

diferentes corrientes de pensamiento organizadas dentro del sindicato. Las reuniones sindicales se sucedían con mucha frecuentes[23], y en todas ellas se producían fuertes debates de cara a las orientaciones que llevaría el sindicato en cada momento, en cada empresa, en cada lugar. O colectivamente por mejoras para toda la sociedad. Esto obligaba a los integrantes de cada corriente a formarse e informarse recabando datos para armar finamente sus razonamientos, lo que exigía, a su vez, otras reuniones previas de cada tendencia para preparar colectivamente el argumentario que se enfrentaría en el debate.

En esta estructura y en esta apertura a diferentes corrientes, así como a la articulación del debate y la toma de decisiones colectivas estaba la fortaleza de CC.OO. Por ello fue el primer sindicato y la organización más poderosa en la España democrática, símbolo del poder obrero, frente de contención del poder de los dueños de los medios de producción, del Capital (industrial o financiero).

Hay algo que resulta intrigante: ¿por qué las direcciones sindicales, en todos los ámbitos de la organización, emprendieron la eliminación de la divergencia que tan

---

[22] Militante es la persona afiliada a una organización, sindicato o partido político u otro tipo de organismo, comprometida con la actividad de dicha organización. Es un miembro activo, no mero integrante pasivo.

[23] Tenían un doble objetivo: el primero era la toma de decisiones colectivas, y el segundo, no menos importante, consistía en la unificación de las ideas orientadas a la acción para disponer de una fuerza convencida, aguerrida, no fracturada; tirar todos en la misma dirección.

buenos resultados le había proporcionado? CC.OO surge en las catacumbas de la dictadura. Lo mejor de la clase obrera se apuntó, militó o le siguió en su proyecto social y político. El debate interno de las varias tendencias existentes en su seno enriqueció el debate y la capacidad de lucha por mejoras sociolaborales. Pero a partir de los años noventa comienza claramente un proceso de homogenización del pensamiento en toda la estructura, desde la dirección confederal hasta la última sección sindical. Todo debía estar controlado. Los disidentes expulsados o aislados, sin capacidad de intervención ni de contactos con los trabajadores más allá de sus propios compañeros del puesto de trabajo. Les estaba vedado aparecer en las listas para delegados o eran consignados a los puestos donde le sería imposible salir elegidos. Se exigía fidelidad al "jefe". De arriba abajo. Con los años esta actitud condujo a un empobrecimiento del sindicato, tanto en ideas como en militantes, pues muchos lo abandonaron creando sindicatos de empresa. O sea, se perjudicó, igualmente, a la clase trabajadora por la división que supuso. División significa debilitamiento de la fuerza negociadora.

Este tipo de actitudes de cualquier dirección o institución sólo delata la incapacidad intelectual y de mando de la gerencia. Sólo los mediocres toman medidas de fuerza y rehúyen el debate. Eliminan el poder moral, ese poder que surge de la admiración incondicional al mando por sus capacidades intelectuales, de entrega, justicia, honestidad. De la auctoritas (poder moral basado en el reconocimiento y prestigio de una persona), a la potestas (poder político que se impone por la fuerza y la coacción). Sobre el equilibrio entre la auctoritas y la potestas se han asentado los grandes movimientos transformadores de las sociedades.

La respuesta a la pregunta anterior podría estar en las transformaciones en la industria. Marx afirmaba que los medios de producción determinaban las estructuras sociales y políticas, y la conciencia de clase. La introducción de nuevas tecnologías modifica la conducta emergente de la población, proceso que es común para todos. Las direcciones sindicales y de empresa están incluidos en esos procesos. La acción sindical no quedó exenta de las modificaciones conceptuales e ideológicas producidas por una extraordinaria tecnología de producción. Aún más, se instaló, de forma espontánea en su subconsciente, el sentimiento de la derrota construyendo un nuevo paradigma: sólo bajo un control férreo la organización subsistiría como tal. Pero ésta es sólo una parte de la inferencia. La otra está en lo visto anteriormente sobre la huelga general del 14 de diciembre de 1988. El gobierno se carga la dirección de UGT y provoca la división dentro de CC.OO haciéndose con la dirección del sindicato personajes cuyo pensamiento lindaba con el neoliberalismo imperante en el gobierno del PSOE.

Paulatinamente se eliminaron las asambleas. El contacto directo con los trabajadores se sustituyó por las comunicaciones a través de fax que, una vez impreso, se pinchaban en el tablón de anuncios de los locales de trabajo. Primer paso para ascender al siguiente escalón: la comunicación sindicato-trabajadores por correo electrónico. Al comenzar la jornada de trabajo, el empleado se sentaba frente a la pantalla de su ordenador recibiendo las indicaciones de ejecución de tareas y la información del sindicato. Del debate colectivo se pasó a recibir orientaciones, citaciones, convocatorias de huelga, de un ente sindical abstracto para el sujeto. ¿Qué ejército se puede construir con individuos aislados si la confianza surge del conocimiento y de la relación con el otro? Los delegados sindicales se transformaron -en su forma de actuar-, en prolongación de los departamentos de personal de las empresas. En el mejor de los casos. Otros vieron una veta de progreso personal, un medio para resolver sus propios problemas laborales y luego abandonar. De una estructura curtida en romper las costuras de las relaciones industriales se llegó a estos delegados cuya preparación consistía en saber leer el convenio y el reglamento de régimen interior de la empresa. Por si algún trabajador precisaba aclarar alguna situación personal. Lo expresó muy elocuentemente el presidente de una patronal del transporte en una conversación privada: "¿Dónde están hoy los sindicalistas? Vas a negociar con ellos el convenio y sólo saben decir sí o no a lo que les planteamos. Antes las negociaciones eran estimulantes. Había que enfrentarse a huelgas duras y, lo que era peor, a sindicalistas que se presentaban en la mesa de negociación sabiendo más de la empresa que el propio dueño. Con propuestas, con datos, con cálculos perfectamente elaborados".

Sin embargo, los procesos sociales, al igual que los de la naturaleza, tienen leyes de desarrollo. A veces, esos desarrollos son conocidos o previstos. Otras surgen en el transcurso de los acontecimientos. La reflexión sobre la realidad que va surgiendo es ineludible, y con ello el surgimiento de nuevas ideas. Si son consistentes y las introduces en la sociedad prenderán y darán fruto, como las plantas.

La actividad humana está llena de tramoyas, imprevistos y fluctuaciones. Cualquier actividad conlleva algún riesgo. Más si se manipulan herramientas, productos o se trabaja en grupo. Los egipcios dispusieron de equipos de apoyo en el trabajo como arneses, sandalias, andamios, etc. Hipócrates escribió un tratado sobre las enfermedades de los mineros. Y así se ha ido avanzando hasta nuestros días. Con la revolución industrial se intensificó el esfuerzo laboral explotando a niños, mujeres, hombres con jornadas de trabajo de hasta dieciséis horas. Las primeras reivindicaciones obreras surgen por la salud. Reivindicación de reducción de la jornada de trabajo hasta conseguir las ocho horas diarias. En un primer tiempo la labor de la medicina del trabajo fue asistencial: asistir al accidentado o dañado en su salud por contaminantes químicos o naturales. Curarlos. Este concepto fue evolucionando primero a la prevención luego a lo que se conoce hoy como salud laboral. Visto que el trabajo producía múltiples y complejos daños al trabajador había que controlar los riegos conocidos. En 1975 se crea a Fundación Europea para la Mejora de las Condiciones de Vida y Trabajo. Su objetivo era recoger información sobre las condiciones de vida y trabajo en los diferentes países con el propósito de mejorarlas. Ese año murió el dictador, pero la dictadura continuó unos años más, aunque ligeramente atemorizada por lo que contuvo sus excesos. Pero el miedo que transmitió seguía intacto. Desde la clandestinidad se luchaba y reivindicaban mejores condiciones de trabajo. Con la voladura controlada de la dictadura se acentuó esa lucha. Aunque no clandestina sí relegada a la insignificancia. Eran años de constitución de sindicatos fuertes con ambición de poder social.

En la sociedad como en las organizaciones, que son pequeñas partes de la sociedad, sucede como en la naturaleza. Un ejemplo. El movimiento browniano recibe este nombre por el movimiento de algunas partículas microscópicas en un medio fluido. Es un movimiento aleatorio que manifiesta las alteraciones en ese medio. Es interesante este movimiento porque revela las limitaciones de las medidas físicas. Se aproxima a ellas por probabilidad estadística.

Tito Lucrecio Caro, Lucrecio, poeta y filósofo romano del primer siglo de nuestra era, expresa lo siguiente en su obra "De rerum natura", sobre la naturaleza de las cosas:

"Observa lo que acontece cuando rayos de sol son admitidos dentro de un edificio y cómo arroja la luz sobre los lugares oscuros. Puedes ver la multitud de pequeñas partículas moviéndose en un sinnúmero de caminos... su baile es un indicio de movimientos subyacentes de materia escondidos de nuestra vista... eso origina el movimiento de los átomos en sí mismos (p.e., espontáneamente). Entonces los pequeños organismos que son eliminados del impulso de los átomos son puestos en marcha por golpes invisibles y a su vez en contra de unos diminutos cañones. Así, el movimiento de los átomos emerge gradualmente de un nivel del sentido, que estos cuerpos están en movimiento como vemos en el rayo de sol, movidos por soplos que parecen invisibles." La sociedad está formada por esa multitud de partículas llamadas seres humanos. Hay fuerzas que intentan orientar esas partículas por un camino determinado. Partículas marginales al impulso de esa fuerza colectiva son puestas en marcha por golpes invisibles. Mientras la dirección del sindicato orientaba sus fuerzas en la consecución de grandes negociaciones, convenios de sector, convenios nacionales, etc., el remanente de militantes relegados a la prevención seguía otro camino impulsado por otra fuerza: la pasión por la salud de los trabajadores.

Aquellos sindicalistas olvidados, o relegados a una actividad sindical trivial, se pertrecharon de conocimientos y experiencias de los sindicatos europeos, especialmente del italiano. Tejieron un cuerpo ideológico y conceptual vigoroso. Estudio, trabajo sistemático y riguroso, verificación con la realidad para reelaborar el pensamiento una y otra vez hasta ajustarlo a las condiciones existentes. Actividad invisible a la acción sindical en los centros de trabajo. Al mismo tiempo se abrieron líneas de negociación con el gobierno para la elaboración de una ley que recogiera toda la normativa dispersa que existía, se actualizara, y se elaborara otra que protegiera de verdad a los trabajadores, que protegiera su salud.

Diez años de negociación y por fin en noviembre de 1995 se publica la nueva ley en el Boletín Oficial del Estado. Ley 31/1995, de 8 de noviembre, de Prevención de Riesgos Laborales. «BOE» núm. 269, de 10 de noviembre de 1995, páginas 32590 a 32611.

Nueva primavera sindical.

El movimiento obrero resurgió reivindicando la salud. La salud laboral retoma el centro de la lucha de clases[24]. El pensamiento dominante y la mayoría de la gente niega que exista la lucha de clases. Sin embargo, la realidad muestra explícitamente esa lucha. Otra cuestión es que no se quiera ver, que se prefiera desviar la mirada para permanecer en la zona de confort con la esperanza de formar parte de las clases medias, de status superior al de clase obrera[25].

La necesidad de un amplio respaldo de la nueva propuesta exige un lenguaje nuevo diferenciador de lo antiguo, que exprese la nueva realidad que se va construyendo al tiempo que va calando entre los trabajadores. Lemas como: "La salud no se vende, ni se delega: se defiende"; "non delega"; conceptos como: "Medicina de los trabajadores", "mapa de riesgos",

---

[24] Warren Buffet es un multimillonario estadunidense, ha proclamado que: "Hay una guerra de clases, de acuerdo, pero es la mía, la de los ricos, la que está haciendo esa guerra, y la vamos ganando".

[25] El presidente de gobierno de España, del Partido Socialista Obrero Español, definido de izquierdas, es decir, al servicio de la clase obrera, sostiene que "el gobierno no abandonará a la clase media trabajadora" (Pedro Sánchez Pérez-Castejón). Es una forma descarada de manipulación del lenguaje con el interés de engañar. No se sabe si quiere expresar que la clase trabajadora es clase media, nunca lo fue, por lo que se le da un status superior donde sentirse cómoda y alejada de las revueltas venideras por las penurias que apuntan por el horizonte. O se refiere al reducido grupo de asalariados por cuenta ajena con sueldos alejados del alcance de la clase trabajadora. Se está en un momento donde la media de los salarios de la clase obrera es de unos veinte mil euros anuales y los alquileres de las viviendas o las hipotecas están entre los setecientos y mil euros mensuales.

trascienden rápidamente y consiguen calar hasta en los medios de comunicación y en la sociedad. Los resultados reales conseguidos por los obreros en grandes empresas, conocidas internacionalmente, facilita la rápida extensión de las experiencias, y su reconocimiento y prestigio.

Durante un tiempo, las ideas y las prácticas de los trabajadores en el ámbito de la salud laboral fueron hegemónicas dentro de la actividad sindical lo que supuso una verdadera explosión que, aún amortiguada, trascendió al futuro.

Como todos los modelos éste tiene sus características definitorias y diferenciadoras. Nace del movimiento obrero de base y pegado a la empresa; relaciona y subordina salud a marco político y económico; se basa en la participación directa y sostenida del trabajador, que alimenta el modelo; supera el modelo compensatorio tradicional y rompe con sus perversiones monetizadoras[26]; busca la eliminación del riesgo y no meramente la reparación de sus consecuencias; amplía el campo de actuación a las enfermedades y daños del trabajo; incorpora la interacción con la familia y el territorio; aprovecha la experiencia y la reflexión del trabajador sobre su trabajo como fuente del conocimiento elaborado y de las propuestas de solución; funciona con la "inteligencia colectiva" de los trabajadores, en intercambio permanente de ideas y propuestas; se

---

[26] La actitud previa respecto a la enfermedad y el accidente laboral consistía en una mera compensación económica de la empresa al trabajador por el daño causado. Ahora se revierte esa actitud y las ideas que la sustentaban considerando el trabajo con sus riesgos evaluables y prevenibles.

desarrolla en base a la colaboración, y no a la subordinación, entre trabajador y experto; los trabajadores lideran su proyecto. El técnico o especialista es su asesor o colaborador. El consenso auténtico es posible a partir de la autonomía real que dan el poder y el conocimiento de los trabajadores. Y siempre un consenso provisional, pues la evolución del trabajo y las circunstancias que lo rodean no son permanentes.

El instrumento operativo del nuevo modelo son los mapas de riesgo. Sus raíces se encuentran en las tradiciones higienistas y ambientalistas. Se rompe con las corrientes que responsabilizan al individuo de sus males[27]. El mapa de riesgos precisa inexcusablemente de la aportación informativa e interpretativa de los trabajadores. Como puede advertirse, el trabajador ha dejado de ser una mera herramienta subordinada a un mando para convertirse en sujeto del proceso de trabajo.

En realidad, el nuevo modelo se construye seleccionando conceptos de la mejor tradición histórica, conocimiento y experiencia en la materia, pero con un enfoque radicalmente nuevo. La observación, la relación actividad-enfermedad, la importancia del entorno, el sistema de información permanente y la epidemiología, la inter-relación de las partes, la actuación integral, etc. Lo nuevo es el papel de los trabajadores y su hegemonía. El trabajador pasa de ser sujeto observado a sujeto auto-observante de su actividad. A ello se suma el

---

[27] Durante décadas se consideró que el accidente era debido a características especiales del trabajador o a fallos del mismo. Ahora ha quedado demostrado que la mayoría de los accidentes son debidos a concepciones erróneas de la organización del trabajo.

funcionamiento como "intelectual colectivo", clave para la aportación y renovación de las actuaciones. Esta concepción y situación son imposibles en una organización jerarquizada, autoritaria y burocrática.

BIBLIOGRAFÍA:

. Aníbal Rodríguez: "Acerca de la salud de los trabajadores". Ed. CC.OO. 1993.

J. Vicens: "El valor de la salud. Una reflexión sociológica sobre la calidad de vida". Ed. S.XXI. 1995.

A. Bilbao: "El accidente de trabajo: entre lo negativo y lo irreformable". Ed. S.XXI. 1997.

A. Cárcoba y otros: "La salud no se vende ni se delega, se defiende. El modelo obrero". Ed. CC.OO. 2007.

Danièle Linhartv(dir.): "¿Pourquoi travaillons-nous? Une aproche sociologique de la subjectivité au travail". Ed. Erès, coll. "Clinique du travail". 2008.

F. Daniellou y otros: "Comprender el trabajo para transformarlo". Ed. Modus Laborandi. 2009

IV. SALUD LABORAL

El 11 de febrero de 1996 entró en vigor la Ley de Prevención de Riesgos Laborales (Ley 31/1995 de 18 de noviembre de 1995) tras diez años de duras negociaciones con el gobierno y la patronal. Resistencia muy fuerte, por parte del gobierno socialista y de las patronales, para impedir se impusiera una legislación que protegiera la salud de los trabajadores adecuada al momento industrial.

Los sindicatos habían entrado en una dinámica bastante pobre: negociación de convenios colectivos, y actuaciones precipitadas encaminadas a resolver los múltiples incendios laborales provocados por las empresas: despidos, deslocalizaciones (traslado de empresas a otros lugares o países), modificación de categorías laborales, aumentos velados de jornada laboral, etc. La aprobación de la nueva ley dio un fuerte impulso a la acción sindical y una orientación más poderosa tanto en el ámbito de las reivindicaciones laborales como en el conceptual.

La salud laboral, dejó de ser la seguridad e higiene en el trabajo, una actividad menor, una especie de adorno laboral, para convertirse en el centro, en el núcleo de la lucha de clases[28]. El empresario exige, aunque no siempre lo consiga, la identificación total del trabajador con los intereses de la empresa, promoviendo la idea de que los

---

[28] Se dejan atrás las tradiciones higienistas y ambientalistas que responsabilizaban al trabajador de sus males hasta llegar a considerar que había personas que atraían a los accidentes.

intereses del empresario no son opuestos a los de los trabajadores. Así mismo, la dirección de la empresa no impone directamente las normas para evitar el posible conflicto mando-trabajador. Se limita a marcar objetivos al grupo de trabajo remunerándolo si se alcanzan. Es un modo de traspasar al grupo de trabajo la conflictividad inevitable en la producción. El enfrentamiento se produce entre los propios miembros del grupo pues se presionará al lento, al que se retrasa, al que comete errores pues se le acusará de ser culpable de no conseguir los objetivos. Son las nuevas formas de organización del trabajo:

- Haciendo autónomo al trabajador, derivando la responsabilidad sobre éste.

- El equipo de trabajo impone las condiciones para cumplir los objetivos dictados por la dirección. Al mismo tiempo el grupo introduce todas las iniciativas posibles para mejorar su capacidad de trabajo.

- Informatización del puesto de trabajo, donde el trabajador sólo actúa sobre lo que el monitor va indicando. Se elimina el margen de autonomía del trabajador.

Las nuevas formas de organizar el trabajo buscan eliminar los tiempos muertos. La realización de las tareas exige esfuerzo, concentración y eliminación de todo escape mental de la faena que se está realizando. Es una pulsión incontrolable en la persona acelerar el proceso de trabajo o buscar métodos más eficaces para obtener un minuto para sí. Un minuto de evasión. Es una necesidad vital. El

104

proceso productivo persigue eliminar esos tiempos considerados muertos para él, pero necesarios para el trabajador, con el propósito de obtener de los operarios las máximas potencias.

Estas condiciones de trabajo actúan sobre la salud de los trabajadores de forma soterrada:

- Al incrementar la productividad, el sistema exprime al máximo los recursos físicos y mentales de la persona.

- Aún más, los agota por causa de los ritmos, la disponibilidad permanente para trabajar en cualquier momento que se le solicite, por el autocontrol ejercido en el equipo, etc. Hace su aparición la fatiga laboral crónica, surgen enfermedades nuevas y se agudizan.

- Deteriora irreparablemente los recursos humanos: un medidor de esta variable es el número de accidentes. Este surge cuando se ha roto el precario equilibrio trabajo/salud. Hasta ese momento se ha ido acumulando una serie de fenómenos que conducen al accidente o al deterioro de la persona. El desgaste cotidiano, el envejecimiento prematuro, se asienta progresivamente en los trabajadores y trabajadoras.

- Las estadísticas muestran que el primer año de trabajo suceden más accidentes afectando, por tanto, a los más jóvenes. Desde los primeros años de vida laboral un alto porcentaje de trabajadores y trabajadoras son eliminados del mercado de trabajo y, en consecuencia, marginados socialmente. El

105

accidentado pierde su capacidad para vender su fuerza de trabajo pues ha sido quebrada.

Las condiciones de trabajo son las causantes de los accidentes, enfermedades profesionales y enfermedades derivadas del trabajo: deterioro progresivo, discapacidades, envejecimiento laboral que deteriora las aptitudes del trabajador, las condiciones psicofísicas, el rendimiento, lo hace más vulnerable a lesiones sucesivas etc.

Estos problemas dañan irreparablemente la situación social del trabajador por la pérdida de su capacidad de ganancia y por el empeoramiento de sus condiciones de vida/salud personal (ocio, cultura, etc.). Altera las condiciones sociales familiares afectando a la educación y formación de los hijos. Es decir, en la medida que declina el trabajador, el deterioro de la familia es paralelo. Las malas condiciones de trabajo empobrecen al trabajador y colocan a él y a su familia en un círculo de hundimiento social. Esa declinación dificulta el acceso a un nuevo empleo que le permitiera recuperar, en parte, su capacidad económica y social.

Las condiciones de trabajo deberían permitir que la persona fuera sujeto de su actividad y no un mero objeto de trabajo. Karl Marx demostró que la mercancía "fuerza de trabajo" era el origen de la plusvalía del capital. Hoy podemos afirmar que, además, el Capital no sólo destruye y esquilma a la naturaleza, sino que usa los recursos humanos hasta dejarlos inservibles. Su organización del trabajo produce riqueza tan eficazmente como destruye recursos humanos. Aunque lo que se comprueba es el consumo sistemático de la mercancía "recursos humanos" como condición necesaria de productividad y competitividad.

La salud de los trabajadores se sitúa, por tanto, en el centro del conflicto Capital-Trabajo, en el vértice de esa lucha de clases que todos los años ocasiona miles de accidentados entre los trabajadores[29].

Hoy, década de los veinte del siglo XXI, han hecho creer a la población que no existen clases sino consumidores con mayor o menor capacidad de gasto dependiendo de la diligencia de cada cual. Existe el que trabaja y el que se beneficia del trabajo ajeno; el que manda y el que obedece; el que decide y el que ejecuta lo decidido. El que dispone de poder y el que sólo posee su fuerza de trabajo. Las clases existen no sólo como estamentos sociales sino como entes con intereses antagónicos. Existen conflictivamente.

Jenofonte, siglo IV antes de nuestra era, dejó escrito:

"Los oficios llamados artesanales están desacreditados y es muy natural que sean muy despreciados en las ciudades. Arruinan el cuerpo de los obreros que los ejercen y de los que los

---

[29] En el año 2021 se produjeron 1.137.523 accidentes de trabajo. 20.381 enfermedades profesionales (enfermedades permanentes). 14.847 patologías no traumáticas causadas o agravadas por el trabajo. El número de personal trabajando ese año fue de 15.685.000. Datos del Ministerio de Trabajo y Economía Social. Téngase en cuenta que las enfermedades sólo recogen las que acepta como tales la Administración siendo muchas más las reclamadas por los trabajadores.

dirigen obligándoles a llevar una vida casera, sentados a la sombra de su taller e incluso a pasar todo el día junto al fuego. Los cuerpos, de esta manera, se reblandecen, las almas se hacen también más flojas. Sobre todo, estos oficios llamados de artesanos, no les dejan ningún tiempo libre para ocuparse también de sus amigos y de la ciudad, de manera que estas gentes aparecen como individuos mezquinos, ya sea en relación a sus amigos, ya sea en lo que toca a la defensa de sus respectivas patrias. Por eso, en algunas ciudades, sobre todo en las que pasan por ser belicosas, se llega a prohibir a todos los ciudadanos los oficios de artesanos".

La salud es el equilibrio físico, psíquico y social de la persona. Un cuerpo sin fisuras, sin distorsiones de funcionamiento, y una mente desarrollada equilibradamente en conocimientos, emociones, sueños y realidades en equilibrio social. Se trata de la salud de la persona, que no es una en el trabajo y otra diferente fuera de él. La salud es integral, la misma dentro y fuera de la actividad laboral.

Todo trabajo consume energía física y mental, que debe recuperarse con el descanso y la alimentación. El descanso lleva implícito dos aspectos. La fatiga física, que se recupera con la parada laboral y la alimentación adecuada. La fatiga mental, que sólo se recupera con el sueño. Por tanto, se precisa tiempo y lugar adecuado para el descanso. Las jornadas excesivas crearán un déficit de descanso, originando acumulación de fatiga. Es decir, un desgaste desproporcionado de la persona. Esto arrastra irremediablemente al envejecimiento prematuro. Este aspecto no va incluido ni en el salario ni en el contrato de trabajo.

El trabajador, a su vez, tiene otras necesidades que cubrir para su bienestar, como son las relaciones personales, familiares, satisfacción de las necesidades de la familia, atención a los hijos, etc. Sin tiempo, se pierde este conjunto de sensaciones, emociones y responsabilidades acrecentándose el malestar interior, el desequilibrio psíquico.

Por consiguiente, como ya afirmaba Jenofonte, el control del tiempo, del propio tiempo, es condición sine qua non para el control de la propia vida. Lo contrario es esclavitud.

Pues esto es la salud laboral, realizar el trabajo en las condiciones que permitan el desarrollo adecuado de la persona y su familia. De aquí, también, la necesidad de salarios justos que permitan el progreso personal y familiar.

Un nuevo sindicalismo dentro del avejentado antiguo sindicalismo. ¿Cómo se planteó? Con absoluta libertad. La Salud Laboral no suponía ninguna amenaza en las relaciones de poder existentes dentro de la organización sindical. "Éramos sindicalistas que actuábamos según criterios propios sin interferir la acción sindical cotidiana del resto de la organización. Por esto mismo nos dejaron hacer. Nos movía un ideal muy alto, la salud de los trabajadores, y un desafío por el que merecía la pena entregarlo todo, una necesidad urgente de nuevos conocimientos" (Román).

La premisa que orientaba la acción eran devolver al trabajador su estatus, ser sujeto del trabajo, no mero objeto o fuerza de trabajo a disposición del que decide. Sujeto de la organización del trabajo, sujeto del cambio, sujeto de la transformación. Esta era la base para que la clase obrera retomara el control del tiempo, es decir, el control de su propia vida. Con un objetivo claro, comprender el trabajo para transformarlo.

"Con ilusiones y esperanzas nos pusimos manos a la obra. Empezando por la construcción de un nuevo lenguaje, de nuevas palabras con significados surgidos de las nuevas experiencias. Lenguaje y método de trabajo diferenciados servirían para romper el corsé de las antiguas normas y los flejes de la tradición" (Román).

Método de trabajo.

Al llegar al campo de la salud laboral lo que se ve es una conflagración inmensa llena de focos de ignición más o menos intensos. Acudir a todas esas bocas de fuego es misión imposible. Si se acude a extinguir unas se abandonan otras no resolviéndose el problema. Era urgente, por tanto, descubrir el foco principal. Después de búsqueda de datos, análisis y discusiones el foco se encontró en la organización del trabajo. Había otros puntos de ignición, pero controlando ésta disminuiría extraordinariamente la incidencia. Así se convirtió la organización del trabajo en objetivo prioritario, y determinó el método de estudio.

1. El saber colectivo.

¿Dónde estaba el conocimiento que se precisaba? En el obrero colectivo. Luego había que pegarse a él, escucharle para aprender, sintetizar y devolverle un conocimiento transformador. "Se comenzó con jornadas temáticas por sectores. Por ejemplo, un compañero responsable de salud laboral de una comunidad autónoma había constatado la dureza del trabajo de los conductores profesionales. Se organizaron unas jornadas de varios días de duración con más de cien conductores de todos los sectores y de todas las regiones para escuchar sus formas de vida y de trabajo. Y se abrió a la sociedad solicitando la intervención de expertos desde las universidades a entidades privadas como grandes fabricantes de vehículos de transporte y otros, e incluso a la guardia civil de carretera. Hecho escandaloso para la vieja militancia. No se comprendía qué hacía la guardia civil en un acto de CC.OO. Tan descolocados quedaron que no hubo ninguna resistencia a su intervención. Trabajadores de la carretera, profesores universitarios, investigadores en tracción y ergonomía, controladores del tráfico discutiendo juntos un trabajo" (Román). Comprender el trabajo para transformarlo[30].

Comprender el trabajo es un proceso complejo y difícil. Requiere, sobre todo, vivirlo, pero también observación, análisis y estudio de diferentes disciplinas. En primer lugar, está la organización del trabajo, siempre ajena a los trabajadores. De la organización del trabajo dependen factores como la eficiencia, costes, calidad y, especialmente, la seguridad y la salud; los accidentes

---

[30] Este es un ejemplo pues se repitió muchas veces con otros sectores. Por ejemplo, de nuevo carretera, referido a los trastornos del sueño. Fue un descubrimiento para los médicos trabajar directamente con los conductores, ambos tenían mucho que aportarse mutuamente.

laborales. Otros factores que intervienen son las relaciones de dominación (mandos), relaciones sociales y de estatus (unos puestos son considerados de mejor calidad que otros), relaciones con el entorno (la maquinaria, lo topografía, temperatura, horarios de mañana, tarde o noche, etc.), salario, seguridad y salud (riesgos), resultado final del producto y su expansión en el mercado. El trabajo no es un proceso abstracto, es una actividad viva con un ritmo vital, su tensión y su movimiento. La edad de los operarios influye también en la viabilidad del mismo. Por ejemplo, ante un horno una persona joven intentará realizar el trabajo en el menor tiempo posible; una mayor buscará los medios de protección adecuados para soportar el mayor tiempo de exposición al calor. Al llegar al trabajo los problemas personales continúan con el trabajador, no se dejan fuera, influyendo en los ritmos, la calidad, la fatiga, etc.

Luego, ya disponemos del campo de intervención: los trabajadores en su trabajo y en su vida particular. Trabajador-Trabajo es una única entidad y como tal hay que examinarla. No se puede comprender el trabajo sin los trabajadores y a éstos sin su trabajo. Forman un cuerpo.

2. El equipo.

El segundo constituyente del método de trabajo es el equipo. Ese sólo se puede seleccionar en una parte mínima, pues cada territorio o cada sector de actividad[31]

---

[31] La estructura organizativa de CC.OO está hecha según los territorios (Comunidades Autónomas, provincias, comarcas) y sectores de producción (transporte ferroviario, marítimo, por carretera, aéreo, artes gráficas, telecomunicaciones, etc.)

elige al correspondiente responsable que se coordinará con el secretario general de salud laboral. El desafío es interesante. ¿Qué cesto se va a hacer con estos mimbres?

Partiendo de la creencia (confirmada por los hechos), de que cada persona dispone de alguna capacidad única y especial -quizá ni ella misma la haya descubierto-, el trabajo en equipo la hará aflorar. Se trata, pues, de sacar lo mejor de cada uno. Para ello es preciso la confianza en el otro y la creación de un proyecto ilusionante, y todos estarán dispuestos a dar lo mejor de sí mismos. Sólo queda precisar el modo de tejer y se obtendrá un cesto fuerte y resistente: un equipo sobresaliente formado con personas normales. "Al trabajar unidas resultaron genialidades" (Román).

Lo habitual en las organizaciones ha sido siempre marginar a las personas no encuadradas en la orientación política de la dirección. En el sindicato esto era el pan nuestro de cada día. En el área de Salud Laboral cada cual podía tener el pensamiento, ideología o pertenecer a la corriente que quisiera. No era vinculante. Había un objetivo común: la vida del trabajador; no perder la salud para ganar la vida (vivir plenamente la existencia). Lo relevante era el compromiso con el trabajo decidido conjuntamente. Todas las opiniones y propuestas eran necesarias para encontrar el camino más idóneo para el fin señalado. Sólo se pedía participar exponiendo el propio pensamiento para obtener ideas y proyectos comunes, y trabajar en lo acordado.

"La consideración general era que el área, o secretaría, de salud laboral estaba dirigida por alguien no encuadrado en la línea oficial del sindicato. En consecuencia, se pensaba que los responsables territoriales o sectoriales de salud laboral, que pertenecían a la corriente oficial serían marginados, excluidos de las responsabilidades. Eso pensaban los dirigentes. Al principio se comportaron como si así fuera a suceder. Asistían a las reuniones pasivamente suponiendo que no se les requería para nada. Pero la realidad era otra. Todos eran necesarios. Se marginaba el que no trabajaba. Nadie lo rechazaba, sino sólo él, que renunciaba a participar en la actividad con todos los demás. No importaba el discurso, el relato, si no la acción orientada por el análisis de la realidad concreta. Porque crea pensamiento, porque transforma, porque sólo la experimentación distingue el error de lo correcto. Esto fue una sorpresa. Pertenecer a una corriente de pensamiento dentro del área de salud laboral era insustancial. Se valoraba la capacidad de trabajo y los resultados. Todos los participantes estaban implicados. Todos eran responsables de su actividad. Los hechos ponían en evidencia el discurso, las ideas que defendían. Los resultados falsaban la ideología. Ninguno podía refugiarse en su corriente sindical, pues de lo contrario quedaba en evidencia su capacidad de entrega a la acción y su trabajo. Cada uno daba lo mejor de sí: ideas, organización, documentación, acción. Se valoraba a las personas no por el cargo o tendencia política sino por los resultados, que son producto del esfuerzo. Este simple hecho produjo cambios importantes en las actitudes de las personas, en las relaciones personales y en las ilusiones. Se constituyó un equipo cohesionado, dispuesto a realizar el esfuerzo que se precisara para conseguir unos objetivos elevados: alcanzar condiciones de trabajo que no alteraran la salud de los trabajadores. De esta manera fue posible la elaboración de un cuerpo de ideas potente, eficaz y capaz de transformar la realidad. Se elaboró documentación sobre temas claves en el control de las condiciones laborales: fatiga, ruido, lesiones músculo-esqueléticas, seguridad en las máquinas, trastornos del sueño, organización del trabajo, así como aspectos más específicos sobre sectores de producción como la pesca, transporte aéreo, transporte por carretera, artes gráficas, taxi, músicos, etc. La publicación de esta documentación extendió la presencia del sindicato más allá del mundo laboral", (Román).

3. Investigación.

El nuevo campo de intervención que se había definido (la salud integral de los trabajadores, física, psíquica, bienestar dentro y fuera del trabajo) era complejo y muy amplio. La investigación era herramienta necesaria para conocer la realidad del universo profesional, la situación y las aspiraciones de los trabajadores. Se utilizó el análisis cualitativo y la estadística. Para conocimientos más técnicos como los neuronales en trastornos del sueño de los conductores, u otros, como lesiones músculo-esqueléticas, se utilizaron los que estaban disponibles ya fueran de universidades u otros centros de investigación. Una labor importante del equipo fue la búsqueda permanente de fuentes de información con el objetivo de disponer de los más avanzados. En otros casos, como el estudio de la fatiga, había pocos o nulos estudios y hubo que elaborarlos incluidos los algoritmos que permitían conocer la fatiga que ocasionaban ciertos procesos y en qué momento de la jornada la fatiga comenzaba a ascender exponencialmente cebando el accidente.

La acción sindical habitual consistía en la distribución de hojas informativas entre los trabajadores durante la negociación de los convenios, o en momentos especiales por su carácter sociopolítico. Las secciones sindicales realizaban varias reuniones anuales sobre negociación colectiva, elecciones sindicales o algunos temas de interés del sindicato. Con la actividad de salud laboral se modificó esta forma de intervención. Conocer, comprender y devolver al sujeto laboral, es decir, el trabajador, su potestad, convertirlo de nuevo en sujeto profesional, precisaba otra forma de participación. Se organizaron grupos de discusión en los centros de trabajo y en los sectores. Con un único objetivo, que los trabajadores hablaran libremente de su trabajo, de las modificaciones que se estaban introduciendo, función de la tecnología en las nuevas condiciones de trabajo, etc., según consideraran ellos la problemática más urgente. Estos encuentros se grababan para posteriormente analizarlos. Cumplían otra función necesaria en el proyecto investigativo. Permitía conocer el lenguaje y su significado dentro de cada colectivo. Esta labor facilitaba y mejoraba el trabajo posterior de cuantificar; la conocida estadística. Se había recogido la situación y la vivencia de los trabajadores, cómo les afectaba y qué esperaban. Pero también se precisaba saber cuántos estaban afectados por cada aspecto. No se puede elaborar una encuesta con lenguaje de un experto. El encuestado comprenderá mejor el significado de cada pregunta si se utilizan las palabras que dan significado a su acción, su propia expresión. Pues el lenguaje lleva implícito una simbología determinada por las experiencias vitales. Esto se obtenía del análisis de los grupos de discusión. Se abría así una nueva puerta a la interrelación trabajador-sindicato. El trabajador sentía que colaboraba con los suyos, no que era utilizado por alguien ajeno a su estado laboral. Manifestaban su satisfacción al terminar las reuniones de los grupos de discusión, deseando que se repitieran estos encuentros. Por fin alguien se paraba a escucharles. Exclusivamente a escucharles. Ellos hablaban, el sindicalista escuchaba y tomaba nota.

Por ejemplo, sector del transporte de mercancías. Reuniones con conductores de Andalucía, Cataluña, Madrid, Castilla-León, etc. De los grupos de discusión se obtenía la problemática general, común a todos, y las particularidades. Existen diferencias importantes entre el conductor de mercancías perecederas y el de mercancías peligrosas. El objetivo era conocer el discurso del colectivo, el conjunto de ideas creadas a partir de su comprensión de su realidad como sujetos sociales y laborales. Hacer surgir su subconsciente y expresarlo junto con su consciente. Se tenía, por tanto, las carencias, los objetivos, la explicación-justificación de su situación, aspiraciones, etc. Con esta información era fácil elaborar una encuesta que tuviera sentido para ellos y cuantificar acertadamente todos los campos objetos de la investigación. Además de conocer cómo habían integrado la vivencia de su realidad en su mente y en su modo de sentir.

Faltaba el aspecto principal. Devolver a los trabajadores el conocimiento estructurado, cuantificado y generalizado obtenido de su saber colectivo. Superar el campo particular para comprender la realidad en su totalidad. No es un hecho baladí, pues se identificaban con los principios y propuestas que se les ofrecían. Se sentían comprendidos. Surgía la posibilidad de desarrollar la acción sindical orientada a la consecución de esas aspiraciones con la certeza de que sería secundada por la mayoría de los afectados. Pasar de la reflexión a la acción transformadora.

La labor investigadora es crucial, no sólo por lo expuesto sino por las potencialidades que se crean. Por ejemplo, la negociación colectiva. Los convenios en la empresa o en el sector son el resultado de poderes en litigio, el del patrón o patronal, y el de los trabajadores. Normalmente está escorado hacia el empresario o la patronal ya que posee la potestad de despedir, modificar la organización del trabajo, orientar las inversiones ya sea hacia la adquisición de tecnología, nuevos productos, etc. El acercamiento a los trabajadores mediante este método de investigación permite conocer las inquietudes y aspiraciones de los mismos lo que faculta la elaboración de una plataforma reivindicativa acordes a las necesidades y deseos de los sujetos del trabajo. Éstos, al sentirse respetados, escuchados y valorados al tiempo que ven reflejado en la plataforma negociadora del convenio sus objetivos se identifican con el proceso negociador y con las exigencias del mismo como posibles paros u cualquier tipo de presión. Al término de la negociación del convenio se ha disminuido sustancialmente el diferencial de poder dentro de la empresa. Se ha reequilibrado el poder patronal-trabajadores. El equilibrio de poder en el trabajo es una necesidad productiva a pesar de la resistencia de los empresarios. Los trabajadores consiguen mejoras laborales, se identifican más con sus tareas y con la empresa a la que se considera una parte de su vida por lo que aumenta el interés por la producción, la calidad y el mantenimiento de la misma. Los trabajadores comprenden mejor que el empresario el proceso productivo, los puntos conflictivos de la producción y las mejoras que podrían introducirse. La empresa sale reforzada con el equilibrio de poderes dentro de la misma. Aspecto sobre el que los empresarios deberían reflexionar, pero se oponen por considerar la empresa de su exclusiva propiedad sobre la que estiman tener un poder absoluto. No conciben que la compañía es un ente complejo de interrelaciones empresariales, sociales, laborales, comerciales y personales. Obvian, igualmente, la importancia que tiene confiar en el otro, en sus asalariados. No son saboteadores ni negligentes, por el contrario, se identifican con su empresa, con su función y con el trabajo bien hecho. Estos valores se desechan cuando la persona no es apreciada ni se considera su esfuerzo y trabajo. Las relaciones de poder, de dominio de uno sobre los otros sólo ocasionan distorsiones que impiden el desarrollo armónico del proceso productivo.

La investigación es un proceso de extracción de conocimientos de la realidad explorada. Cuando existe voluntad de desarrollar esos conocimientos permite la intervención sindical en todas las direcciones.

a) Concienciar a los trabajadores. Comprender el escenario laboral en otra dimensión, como sujetos del trabajo, no como individuos sometidos a los dictados del administrador. Valorar su actividad y su compromiso con la empresa y el trabajo. Construir un nuevo discurso y un nuevo imaginario colectivo de las relaciones industriales. Estos aspectos capacitan para un mayor compromiso en la defensa de los intereses colectivos.

b) Articular, con la Inspección de Trabajo, nuevas intervenciones fiscalizadoras de las condiciones de trabajo. Requerimientos no debidos a caprichos esporádicos sino fundamentados sobre el análisis del entorno laboral.

c) El sindicato como entidad capacitada para intervenir en todos los intersticios del sistema. Competente en el intercambio, negociación y acuerdos con los diferentes ministerios: Trabajo (incremento de inspectores de trabajo, control de cumplimiento de la legislación, elaboración de nuevas normas, etc.); Sanidad (reconocimiento de nuevas enfermedades profesionales, productos peligrosos, contenidos de la formación de nuevos facultativos, etc.); Judicatura (mayor exigencia de responsabilidades en accidentes mortales, grandes accidentes, etc.); Interior (con la Dirección General de Tráfico, responsable en el control de los accidentes de carretera. Entre estos accidentes una gran parte afecta a conductores profesionales y trabajadores que precisan moverse cotidianamente con vehículos). Se implicó a todos estos ministerios e instituciones en el control y mejora de las condiciones de trabajo. Debería ser la norma, pues el trabajo es la actividad central de toda sociedad y sobre la que ésta se vertebra. Se podría decir que la sociedad es el trabajo, y según se realice éste así será la sociedad que se conforma.

d) Realización de seminarios, congresos, jornadas, publicaciones, etc. abiertos a la sociedad. El sindicato debe cuidar a sus afiliados y a los trabajadores, y realizar estas actividades para el interno, pero debe comunicar y exponer su conocimiento, ideas y propuestas al resto de la sociedad porque tiene que aprender de ella y también tiene mucho que enseñarle sobre su estructura laboral, esqueleto de la sociedad. Las universidades disponen de un conocimiento necesario para el desarrollo individual y colectivo, los sindicatos tienen otro conocimiento que es preciso compartir. Los caminos divergentes empobrecen, los convergentes potencian la sociedad.

Veinte años. El tiempo que duró este viaje al corazón del trabajo. Como dijo uno del equipo: "Los viejos sueños fueron buenos sueños. No se cumplieron, pero me alegro de haberlos tenido". Ingenieros de sueños. Miradas resolutivas que atravesaban las profundas simas de la adversidad, la resistencia de muros impenetrables. Miradas místicas de profundas soledades reversibles por el apoyo mutuo. La acción sindical es escudriñar el alma humana para elevarla al más alto concepto de sí misma. Es conocer al otro y al colectivo para ilusionarlo por un mundo, por una sociedad, en equilibrio y bienestar. Es realizar un trabajo de orfebrería para unificar voluntades en consecución del bien común. Recompensa, la aceptación, el aprecio de los trabajadores y los fuertes lazos de unión de los componentes del equipo involucrados en una delicada y ardua tarea. Las personas son la mejor recompensa, sino la única. Proporcionan el amor y la felicidad.

Vinieran de donde vinieran, del taller, la carretera, la universidad, la oficina, todos -hombres y mujeres-, mostraron una entrega sin límites. Pusieron al servicio de los demás su energía, sus conocimientos y su propia vida. Lucharon por ofrecer a la clase obrera aspiraciones que sobrepasaban el propio destino. Horizontes por los que merecía la pena vivir y entregarlo todo.

BIBLIOGRAFÍA:

José Manuel Montero Llerandi: "Los accidentes marítimos y la siniestralidad laboral". Ed. Sindicato Libre de la Marina Mercante. 1984.

José Manuel Montero Llerandi: "Análisis sociológico de los accidentes laborales: el sector marítimo-pesquero". Ed. Instituto Social de la Marina. 1986.

R. Sennett: "La corrosión del carácter. Las consecuencias personales del trabajo en el nuevo capitalismo". Ed. Anagrama. 2000

José Manuel Montero Llerandi: "Tendencias de la siniestralidad: dos discursos". Temas para el Debate, n° 79. 2001

James Surowiecki: Cien mejor que uno: la sabiduría de la multitud o por qué la mayoría siempre es más inteligente que la minoría". Ed. Urano. 2005

Ángel Cárcoba Alonso (compilador): "La salud no se vende ni se delega, se defiende. El modelo obrero" Edita: Ediciones GPS. 2007.

Gregorio Tudela Cambronero Yolanda Valdeolivas García: "La seguridad y la salud laboral en la negociación colectiva". Ed. Ministerio de Trabajo e Inmigración. 2009

M. Ledum: "Perros de Porcelana". Editions de Seuil. 2011

Philippe Davezies, Laurent Vogel y SergeVolkoff: "Les risques du travail". Ed.La Découverte. 2020.

Alessandra Re, Gastone Marri, Gianni Briante y otros: Ambiente de trabalho: Aluta dos trabalhadores pela saúde". Ed. Huicitec, 2021.

13 TESIS CONTRA EL TRABAJO Y ...

1. El trabajo es el nuevo dios al que hay que sacrificar la vida. Bajo el rótulo "mayor productividad" se exige entrega total del trabajador a su trabajo. Entrega total trata de la adhesión sin fisuras a los postulados del Capital, la entrega total de las fuerzas, de la inteligencia, del tiempo, y el pensamiento del trabajador al Trabajo, organizado y dirigido por el Capital. Sin embargo, las formas actuales de trabajar surgieron en un momento determinado de la historia y deben ser cuestionadas y eliminadas para que surjan formas nuevas de vivir. Se puede, se debe, trabajar de otra manera.

2. Las formas de organizar el trabajo pretenden ser procesos elaborados científicamente pero no van más allá de ser sistemas de control y dominación de los trabajadores, ya sean por cuenta ajena o autónomos al servicio de sociedades empresariales.

3. La forma actual de trabajar ha hecho del trabajo el gran depredador y corruptor de la vida humana.

   Absorbe el tiempo del trabajador entre viajes de ida y vuelta en ciudades imposibles, prolonga las jornadas de trabajo con exigencias de producción cada vez mayores agotando los recursos físicos y psíquicos del trabajador dejándolo inhabilitado para actividades y vivencias personales. El tiempo personal administrado por la persona es reducido hasta límites que imposibilita el control de la propia vida. El trabajador afronta la vida como un proceso continuo de trabajo. A cambio recibe opciones de consumo. Ha transitado de ciudadano a consumidor.

Roba los momentos más personales y humanos del individuo produciendo desolación, dolor y sensaciones de abandono de unos hijos para los que sólo existen prisas, porque debido a las formas de trabajar la vida tiene que reproducirse en ausencia de tiempo.

Elimina la libertad y los mecanismos de pensamiento, consciencia y palabra. Se ha de pensar, decir y actuar lo que el Sistema Productivo quiere que se piense, diga y haga.

Extirpa la capacidad creadora del individuo: la dirección de la empresa piensa, organiza y decide, el trabajador hace.

Arrebata la dignidad del trabajador obligándole a actuar contra sus principios cuando éstos no coinciden con los objetivos de la empresa.

Abandona a los trabajadores como juguetes rotos cuanto disminuye la tasa de ganancia.

4. El gran fracaso de la revolución industrial ha sido desarrollar la actual forma de trabajar: el robo del tiempo, por tanto, de la vida de las personas, de sus vivencias, sensaciones, emociones, dudas, sueños, proyectos. Solo les deja la posibilidad de

la repetición monótona de los días, y el miedo. Miedo a no actuar como se espera que actúe, miedo a la jerarquía laboral, miedo a ser desterrado a la nada, al vacío. Hoy, más que en ninguna otra época de la historia, las personas pueden pasar del todo a la nada, de la vida segura al desahucio en un instante.

5. A pesar de este rotundo fracaso, el Sistema está organizado para configurar a los seres humanos exclusivamente como productores. Todo se organiza en función del trabajo. Desde la escuela comienza el troquelado de los niños embutiéndoles formas de actuar y de pensar, para ajustarlos y acoplarlos a la vida, que no es otra que el encadenamiento al trabajo. Guardería, escuela, universidad son diferentes etapas de ese moldeado de jóvenes que elimina singularidad, originalidad, creatividad o cualquier característica personal diferenciadora. Todo está orientado no a la construcción de la persona como ser libre y único sino al trabajo, a conseguir productores disciplinados, fieles, dúctiles. Vasallos. A cambio sólo existe el salario. Salario que sirve para satisfacer escasamente las necesidades básicas. Por ese salario se cede la salud, el tiempo, la libertad, el pensamiento, la persona misma. El salario nunca podrá pagar todo el esfuerzo y todos los sacrificios que el trabajador aporta a la producción.

6. "Citius, altius, fortius". Más rápido, más alto, más fuerte colocado en el frontispicio del templo de la sabiduría, donde se construyen los espíritus y las mentes, y después símbolo de los juegos olímpicos como emblema de la construcción del cuerpo, se ha convertido, a consecuencia de la avaricia y ambición, en intensificar el esfuerzo, alargar el tiempo de trabajo, acrecentar los márgenes de productividad exprimiendo al trabajador hasta cosificarlo.

7. "El trabajo daña seriamente a la salud". El trabajo, en lugar de ser factor constructor de la persona, produce beneficios para alguno y muerte, dolor y sufrimiento para la mayoría. La organización actual de la producción sigue ocasionando innumerables accidentes, muertes y enfermedades. Es una fuente imparable de nuevas enfermedades mentales -trastornos depresivos, de ansiedad, emocionales- que junto a la fatiga crónica son destructoras de la persona hasta extremos impensables hace unos años, además de los daños músculo-esqueléticos que incapacitan al trabajador en medio de intensos dolores. El trabajador llega a la edad laboral sano y fuerte, y cuando la enfermedad o el deterioro le incapacitan para la producción es desechado como la escoria, confinado en la exclusión.

Tanto la normativa como la intervención de las instituciones correspondientes, pretenden preservar la salud de los trabajadores con intervenciones sobre las consecuencias del trabajo pero rechazan actuar sobre el origen de la enfermedad, el trabajo mismo, aunque suponga un coste elevado para el sistema –Administración e instituciones laborales son ajenas al dolor humano-, optando por retoques en lugar de la verdadera intervención sobre la salud, que no es otra que el control y gestión de los procesos de trabajo por los trabajadores.

8. Las organizaciones obreras, partidos y sindicatos principalmente, han llevado un proceso de institucionalización que ya no son representativas de los trabajadores.

Los partidos políticos actúan para alcanzar objetivos propios que pueden, en ciertos casos y circunstancias, concordar con los intereses de los trabajadores. Ahí acaba su identificación como fuerza de choque de la clase obrera.

Los dirigentes sindicales, alejados del campo laboral, encerrados en despachos propios o en despachos gubernamentales o patronales, pasan mucho más tiempo con sus enemigos que con sus amigos dando la impresión de que aspiran parecerse más a los primeros que a los últimos lo que les inhabilita para comprender los diversos mundos del trabajo y sus transformaciones.

La dinámica perversa generada dentro de las organizaciones sindicales –prohibido pensar, prohibido discrepar, prohibido confrontar ideas para desarrollar pensamiento y estrategias, eliminación de los principios, fidelidad sin fisuras al jefe-, se ha materializado en unas organizaciones fosilizadas, carentes de pensamiento, ideas y estrategias fructíferas para la defensa de los derechos de los trabajadores. Faltos de toda capacidad transformadora se puede decir que los sindicatos, de los que los dirigentes se consideran sus dueños, son organizaciones colocadas entre los Trabajadores y el Poder que, con la excusa de la defensa de los trabajadores, negocian sus propias compensaciones. Movilizaciones serias contra las agresiones del Capital, no pueden permitirlas y menos organizarlas pues peligraría su propio estatus. Los dirigentes de estas organizaciones no pertenecen a la clase obrera y han convertido a los sindicatos en organizaciones ajenas a los trabajadores.

9. Las formas actuales de trabajo han llegado a su fin. Mantener el ritmo de trabajo actual es inhumano y hará que las sociedades sean cada vez más injustas, más desiguales, más enfermas y más infelices. Los desequilibrios que se están instaurando arruinarán no sólo a los desfavorecidos de la sociedad, que irán en aumento, sino a todo el conjunto de la sociedad.

Que los detentadores del poder piensen que pueden existir y vivir aislados de los problemas generales de la sociedad es sencillamente una quimera. Esa independencia no existe. Son dependientes de los trabajadores.

10. Los problemas sociales no se resuelven con mayor crecimiento sino con mejor reparto. La estructura productiva y el sistema de reparto social están acentuando las diferencias sociales. La desigualdad corroe la sociedad, aumenta los problemas y disminuye el bienestar colectivo; cambia las relaciones entre las personas - reducción de la participación social, desinterés por lo colectivo, aumento del miedo y de las sensaciones de peligros reales o supuestas-, desplaza la sociedad de la colaboración a la sociedad de la competencia, los trastornos mentales crecen, la sociedad enferma. La desigualdad social empapa la sociedad entera pero afecta mucho más a las clases más bajas. Especialmente la infancia sufre más los efectos de la desigualdad con lo que las repercusiones futuras serán aún mayores.

11. A la puerta de la empresa termina la democracia y comienza la tiranía. En la empresa gobierna el poder absoluto de una persona que se cree dueño y señor. Tal hecho es aceptado, por el conjunto de la población, como un axioma. Se considera que la empresa es la plasmación de un proyecto

individual o de un grupo de personas, pero se obvia que la empresa asienta sus raíces en una sociedad determinada, con sus reglas de juego, con sus políticas, con su desarrollo económico, con su cultura y sus costumbres, sus infraestructuras. Sin este substrato la empresa no se desarrollaría ni se expandiría. La empresa es resultado de un proyecto, de una sociedad determinada y de unos trabajadores que aportan sus conocimientos y su hacer. Aquí está el límite a la propiedad privada. Aquí comienza el campo colectivo, la responsabilidad social de la empresa y la democracia.

Se considera que una sociedad es democrática cuando sus miembros participan en la elección de sus gobernantes. Sin embargo, se les hurta la participación y la toma de decisiones en las estructuras que conforman la sociedad, los centros de trabajo. La implantación de la democracia en los centros de trabajo es la condición sine qua non para mejorar la eficacia, la eficiencia y la productividad -ya que los trabajadores pueden aportar su voluntad, su fuerza, su saber, su pasión-, y mantener la salud al posibilitar trabajar en condiciones dignas. Sería, así mismo, la base para la democracia soberana en el conjunto de la sociedad.

12. El desarrollo científico y tecnológico permiten afrontar el momento histórico superando las actuales formas de trabajar y de vivir, donde el

compartir se imponga al competir, lo colectivo a lo privado, el pensamiento consciente al pensamiento aprendido, el debate colectivo al discurso aleccionador, la fidelidad a los valores sobre la fidelidad al que ejerce el poder. La ciencia y la técnica han hecho posible que de nuevo el tiempo nos pertenezca y con ello el control de nuestras propias vidas para caminar hacia la libertad. El ser humano que no controla su tiempo, no controla su vida. Sin autoridad sobre la propia vida sólo se es esclavo o un ser sin consciencia, mero objeto desubicado.

13. Los actuales amos de la propiedad privada, del pensamiento, de las decisiones, del saber, del tiempo de los demás deben autoeliminarse o ser suprimidos para dar paso a la vida y al progreso de toda la sociedad.

... UNA APOLOGÍA POR LA SALUD DE LOS TRABAJADORES

"La salud no se vende, ni se delega: se defiende". Las personas se relacionan con el mundo fundamentalmente a través del trabajo. La pérdida de la salud reduce la capacidad de relación y de desarrollo personal. Prevenir el riesgo para evitarlo y, en consecuencia, preservar las capacidades psicofísicas, la salud de la persona, ha de ser una acción colectiva, que rompa la individualización de los males que aquejan a la persona.

La percepción colectiva de los problemas de la salud abre el paso a un nuevo papel de los trabajadores y su hegemonía. El trabajador ha de pasar de ser objeto observable y observado a sujeto observante de su actividad. Y funcionar como "intelectual colectivo". Intercambio permanente de ideas y propuestas desarrolladas en base a la colaboración y no a la subordinación entre trabajador y experto. El consenso auténtico es posible a partir de la autonomía real que dan el poder y el conocimiento de los trabajadores. Y siempre un consenso provisional.

Esta acción colectiva relaciona salud con el marco político y económico; se basa en la participación directa y sostenida del trabajador, que alimenta el modelo; supera el modelo compensatorio tradicional y rompe con sus perversiones monetizadoras; busca la eliminación del riesgo y no meramente la reparación de sus consecuencias; amplía el campo de actuación a las enfermedades y daños del trabajo; incorpora la interacción con la familia y el territorio; aprovecha la experiencia y la reflexión del trabajador sobre su trabajo como fuente del conocimiento elaborado; funciona con la "inteligencia colectiva" de los trabajadores, en intercambio permanente de ideas y propuestas; se desarrolla en base a la colaboración y no a la subordinación entre trabajador y experto; los trabajadores lideran su proyecto. El experto se incorpora a este proceso como asesor y no como mediador del empresario.

Las organizaciones jerarquizadas, autoritarias y burocráticas niegan la capacidad creadora de los trabajadores e imposibilitan el control y gestión de los procesos de trabajos siendo los trabajadores los que conocen y sufren las secuelas de los riesgos y, en consecuencia, los que pueden desarrollar las medidas preventivas para conservar la salud.

Se trata de proceder a una reflexión crítica y colectiva sobre el pasado, presente y futuro de las condiciones de trabajo con sus protagonistas directos, los trabajadores, y con las aportaciones de todos los que participan desde distintos campos afrontando estos problemas.

La experiencia histórica del movimiento obrero permite acreditar que los primeros pasos de un nuevo modelo se dan siempre en los centros de trabajo; y que las organizaciones burocratizadas y los tecnócratas no son capaces de percibir lo nuevo que nace y lo viejo que muere. A las organizaciones obreras vivas, no a los burócratas ni a los tecnócratas, corresponde estar atentas al nacimiento de lo nuevo, aplicarlo, ser capaces de comprender su potencialidad, e impulsarlo con decisión.

V. CRISIS

1968. Mayo francés. La revuelta en las universidades francesas pone patas arriba concepciones y cánones culturales y sociales con décadas, algunos con siglos, de existencia. El gobierno es obligado a negociar un nuevo contrato social con los sindicatos.

1969. Primavera de Praga. La sociedad civil frente a los tanques del Pacto de Varsovia. Por la democratización del país. Los tanques fueron derrotados, pero Checoslovaquia siguió las directrices soviéticas.

1969. Gran movilización sindical y estudiantil en Italia, hija del mayo francés. La expiración trienal de los contratos de trabajo, especialmente en la industria metalúrgica, y la reivindicación salarial en las grandes fábricas puso en jaque a los empresarios italianos y al gobierno, y descolocó a los sindicatos que se vieron superados por los Comités Unitarios de Base. Tras dos meses de revueltas, se firmó un aumento salarial igual para todos, reducción de la jornada laboral a cuarenta horas semanales y los obreros de la metalurgia podían realizar asambleas en los centros de trabajo.

Tres poderes en el corazón de Europa estuvieron contra las cuerdas. Se había reequilibrado el poder en la sociedad. Y lo más importante, se había mostrado el camino.

1973. Primera crisis del petróleo. Tras la guerra del Yom Kippur, los países productores de petróleo de Oriente Medio, reducen las exportaciones del mismo como represalia a los países que apoyaron a Israel. Los cortes de suministro impactaron fuertemente en la economía. Se inició, pues, una recesión prolongada y un aumento importante de la inflación. La economía occidental entró en recesión hasta principios de los años ochenta. Como consecuencia se produjeron cambios estructurales en las políticas de Occidente orientadas a modificar la conciencia energética y a aplicar políticas monetarias restrictivas para controlar la inflación.

En 1973 la empresa japonesa Toyota cambia el proceso de producción transitando del sistema fordista (trabajo en cadena totalmente secuenciado y con operaciones simplificadas), al toyotismo (trabajo en equipo, control de calidad efectuado por el propio grupo de trabajo, cero errores, polivalencia, etc.)[32]. En este nuevo proceso emerge con especial preeminencia

---

[32] El Taylorismo-Fordismo unificó las herramientas (en el modelo anterior, el artesanado, cada artesano tenía sus propias herramientas adaptadas a sus cualidades físicas), subdividió el proceso de trabajo en movimientos simples expropiando los conocimientos obreros, y eliminó el control que los trabajadores ejercían sobre el proceso de trabajo. El desarrollo de esta dinámica ha sido constante, tendiendo a reducir el número de personas que conocen y controlan el conjunto de la actividad laboral. El diseño, la gestión y la organización del trabajo son atributos de un reducido número de personas. Los trabajadores cada vez controlan y saben menos del proceso global de trabajo. Incluso, en ciertos casos, no conocen ni la finalidad del trabajo que están realizando.

El Toyotismo, surgido en la empresa Toyota Motor Company, de Japón, es la continuidad del modelo fordista. Perfecciona sus métodos. Obtiene mayor rendimiento de los operarios absorbiendo su fuerza física e intelectual. Utiliza todas las posibilidades que ofrece el conocimiento obrero ya sea práctico o abstracto. E intenta integrar al

el "karoshi", muerte por exceso de trabajo o muerte súbita en las fábricas. Hasta ese punto se elevó la explotación del trabajador.

Extractando estos dos modelos de organización del trabajo podría quedar así:

Fordismo/Taylorismo	Toyotismo
Rigidez	Flexibilidad/Capacidad de respuesta
Producción en masa	Producción en lotes
Productos normalizados	Productos diferenciados
Just in case/gran almacenaje	Just in time/ almacenaje mínimo
Maquinaria específica	Maquinaria flexible
Descualificación	Cualificación
Puestos individualizados	Integración de tareas/trabajo en equipo

trabajador y canalizar sus protestas y luchas. Al mismo tiempo, la organización del trabajo y de la producción se proyectan y desarrollan como un conjunto de secuencias continuas. Desmantela los grandes complejos industriales para crear unidades reducidas de producción. Los grandes colectivos de trabajadores se reducen a grupos pequeños y, por tanto, con menor fuerza reivindicativa y con mayores dificultades para su unión. En síntesis, el toyotismo: elimina los tiempos improductivos, la indisciplina, los stocks. Producción a medida, producción a pedido. Control contable de arriba a abajo. Se crea una moral de trabajo; el grupo controla al individuo; se elimina al que entorpece el rendimiento del grupo; competitividad entre los equipos a todos los niveles; cada individuo del grupo ejerce presión sobre el propio grupo; sólo permanecen y son aceptados los mejores y más duros.

[33] José Ignacio Gil: CONFERENCIA TUBT/SALTSA: "¿Trabajando sin límites? "Reorganización del trabajo y descentralización productiva. ¿Flexibilización o degradación de las condiciones de trabajo?".Bruselas, septiembre de 2000

Integración vertical	Descentralización de las decisiones
Fábrica total	Fábrica difusa[33].

1973 es el comienzo de la introducción masiva del microchip en los procesos de trabajo. Su invento proviene de varias décadas antes, pero es este el momento de introducirlo en la producción, tomando el relevo de herramientas mecánicas, convirtiéndose en el corazón de ordenadores, y demás equipos automáticos o semi automáticos. Hace su aparición el ordenador en todos los lugares de trabajo con todas las consecuencias ya descritas.

En 1979 es elegida primera ministra Margaret Hilda Thatcher. Su política económica fue determinada por los movimientos monetaristas y los economistas neoliberales. Disminuyó los impuestos directos sobre la renta y aumentó los indirectos. Aumentó las tasas de interés para reducir la oferta monetaria. Puso límites a los gastos públicos y redujo las inversiones en servicios sociales. Se enfrentó a los poderosos sindicatos ingleses, con saña especial a los de la minería, debilitándolos y reduciendo su poder. Con esta señora entra en escena el neoliberalismo. Desde la primera guerra mundial el neoliberalismo intentaba abrirse camino en la sociedad. Thatcher impone definitivamente sus pilares económicos y políticos, la privatización y desregulación para reducir al mínimo la intervención del Estado, apoyando la libertad económica y el libre mercado.

Dos años más tarde, Reagan sube a la presidencia de Estados Unidos. Se presentó a sí mismo como defensor del liberalismo económico, favorable a fuerte recortes fiscales y a la reducción del Estado.

Tras la subida al poder de Thatcher y Reagan, se provocó una reducción masiva de los impuestos a los ricos, la destrucción de los sindicatos, la desregulación, privatización y subcontratación de los servicios públicos.

Los principios del neoliberalismo se basan en la competencia y el mercado. Considera la competencia como la característica fundamental de las relaciones sociales. El mercado produciría beneficios inalcanzables mediante la planificación estatal. Convierte a los ciudadanos en meros consumidores, compradores y vendedores. Afirma que este sistema premia el mérito y el esfuerzo, y castiga la pereza y la ineficacia. Postula la bajada de impuestos[34], la reducción de controles gubernamentales[35] y la privatización de los servicios públicos. Los sindicatos y la negociación colectiva distorsionan el mercado dificultando la actividad de los triunfadores[36]. La desigualdad es el resultado del

---

[34] El objetivo de los impuestos es financiar el gasto público (construcción de infraestructuras, sanidad, educación, seguridad, protección social, prestaciones por desempleo, discapacidad, etc.) como forma de disminuir las diferencias sociales haciendo sociedades más equitativas. El principio rector es la capacidad contributiva. Es decir, que el que más tiene debe aportar más. Reducir los impuestos es cancelar las políticas redistributivas que sacan a la gente de la pobreza.

[35] Lo que no significa más que la libertad para esquilmar y contaminar los recursos colectivos, por ejemplo, acuíferos, eliminación de las medidas de seguridad en el trabajo depreciando la vida y salud de los trabajadores.

[36] Esto significa libertad para reducir salarios y condiciones de trabajo.

esfuerzo de algunos que generan riqueza que favorece a todos[37].

Según el credo neoliberal, crear sociedades más equitativas es perjudicial y moralmente corrosivo. El mercado es el dios que establece que todos recojan lo que merecen.

Aunque en el nacimiento (Friedrich Hayek) y consolidación del neoliberalismo (Milton Friedman) intervinieron varios premios Nobel no es más que una doctrina dogmática cuyo mayor éxito es ser el gatuperio de unos pocos. Aunque no fuera concebido así, es en lo que se convirtió en seguida.

El crecimiento económico de esta época neoliberal (desde 1980), es notablemente más bajo que el de la época anterior (keynesianismo: inversión pública, política fiscal redistributiva, servicios públicos), excepto en lo tocante a los más ricos. Éstos se han enriquecido más aumentando la desigualdad y la pobreza en todo el mundo[38].

---

[37] Los ricos consideran que lo son por méritos propios disimulando sus privilegios y las formas punibles con las que han acumulado capital y patrimonio. Los pobres se culpabilizan de su fracaso, aunque las opciones para cambiar sus circunstancias sean inexistentes.

[38] Hoy es un grave problema en todo el mundo, viéndose la OCDE (Organización para la Cooperación y el desarrollo Económico, 130 países) impelida a acordar un impuesto mínimo a las grandes empresas (1 de julio de 2021). De hecho, ha surgido una nueva subclase obrera, las personas que trabajando su salario no les permite cubrir las necesidades básicas.

Se ha impuesto en todo el mundo a través del Fondo Monetario Internacional, el Banco Mundial, la organización Mundial de Comercio y el tratado de Maastricht (1992). Y de los partidos llamados de izquierda, como el Laborista del Reino Unido, o el PSOE (Partido Socialista Obrero Español) en España, que rápidamente adoptaron sus preceptos.

El neoliberalismo nació con la intención ex profeso de remodelar la vida y remplazar el centro de poder. Sus artífices comprendieron que las crisis son fenómenos ideales para producir estos cambios (Por ejemplo, instauración en Chile tras el golpe de estado de Pinochet). Utilizan las crisis para aplicar políticas impopulares explotando el desconcierto de la población.

En este contexto surgió la acción sindical en salud laboral. Un oasis en medio de un desierto que progresaba tan rápido como se imponían las reglas neoliberales. Los sindicatos no supieron integrar los nuevos métodos de acción sindical, ni su lenguaje, ni el cuerpo conceptual nuevo que aportaba la acción sindical en salud laboral sucumbiendo, al igual que los partidos de izquierdas, a las milongas del capitalismo rampante.

Posteriormente hubo nuevas crisis. 2002, de las nuevas empresas tecnológicas estructuradas sobre una realidad virtual. La gran recesión de 2008 cuya base estuvo en la especulación sobre la vivienda, cuyos efectos llegaban hasta 2019 cuando surgió otra gran crisis, el ataque masivo de los virus a la sociedad mundial.

Las crisis no son acontecimientos aislados de corta duración. Eso es lo que parece. Se producen cuando las contradicciones económicas, políticas y/o sociales son insuperables simulando que están fuera de control. Son herramientas de la clase dominante para dar una vuelta de tuerca más a la sociedad, a la clase dominada, a los trabajadores. Consiste en utilizar la inestabilidad creada para doblegar a los trabajadores e introducir ideas favorables a la clase dominante, a la que ostenta el poder.

Se trata de redefinir las relaciones de poder en la sociedad y en el mundo, e introducir nuevos elementos de control. Reducir la participación ciudadana, la democracia, para abrir paso a poderes cada vez más absolutos. Es la contracción del individuo. Reajuste de la persona a borrego. Del pensamiento libre, al pensamiento cautivo.

¿Cómo es posible llegar a esta condición? Como ya se ha explicado. El desconcierto generado en la población es utilizado para implantar nuevas formas de trabajar, con nuevas herramientas y métodos, nuevas relaciones sociales y de poder, y un nuevo cuerpo conceptual que explique la situación y haga aceptable el futuro que se plantea. En 1989 cae el muro de Berlín. Se derrumba el sistema comunista, en occidente. Frente al capitalismo, liderado por el neoliberalismo, no hay ninguna fuerza y menos aún una ideología o propuesta económica alternativa. Rápidamente caen los focos de resistencia de pensamiento hasta quedar sólo el pensamiento único. La clase obrera no tiene voz, ni discurso, ni propuesta. En frente, las horcas caudinas.

Las ideas, la ideología, que dan cobertura a esta reestructuración social son las del neoliberalismo. ¿Pero cómo se implantan en las mentes de la gente ideas que

143

les son ajenas, perniciosas y destructivas? Mediante la actividad laboral. Trabajar de acuerdo a los principios que se pregonan.

De la gran fábrica a la fábrica difusa. Del obrero masa al obrero social. La etapa anterior estuvo caracterizada por las grandes fábricas que reunían gran número de trabajadores (obrero masa), que, en su mayoría, vivían en los mismos barrios o creaban cooperativa para la fabricación de sus viviendas. Este colectivo discutía en asambleas en las fábricas los problemas laborales, y continuaban en los barrios estos debates políticos. Era un obrero concienciado, politizado, con condiciones laborales uniformes, con objetivos políticos y laborales homogenizados, comprendiendo que para alcanzarlos era preciso organizarse. Esto era el movimiento obrero capaz de hacer frente al capital y a su discurso. "Repito, el discurso, el cuerpo de ideas que explica un estado de cosas, de políticas, es fundamental para tener el control, pues son las ideas las que orientan la acción, unifican voluntades y explican por qué las cosas son como son, por qué las relaciones industriales están establecidas de una manera determinada" (Román).

La crisis es la ocasión oportuna para transitar a la fábrica difusa. Es un proceso de reconversión de la estructura productiva. "Por ejemplo, una empresa fabricante de teléfonos producía los componentes exceptuando algunos muy especiales. Realizaba el montaje, los controles de calidad, las ventas, la investigación. Es decir, el proceso completo. Las condiciones laborales de los trabajadores de estas empresas se regían por el convenio colectivo. Cada uno en su categoría sabía su salario, jornada, vacaciones, etc. Estaba regulado para todos. En una cadena de montaje de vehículos sucedía lo mismo. El proceso que se produjo desdibujó la empresa. La actividad de la matriz se redujo al trabajo central del proceso. Así una empresa de telefonía, por ejemplo, su tarea principal era ofrecer servicios sobre la línea telefónica: voz, datos, diversos servicios de telefonía, etc. el resto de actividades como la instalación de líneas telefónica, mantenimiento, atención al cliente, etc. se subcontrataba o creaba una empresa auxiliar, filial, con condiciones laborales diferentes en cada actividad. La cadena de montaje de vehículos dejó de ser la actividad principal de la empresa y sobre ella actuaban la empresa especializada en tapicería, la de las lunas, la de los asientos, etc. La misma cadena, pero cada grupo de trabajadores con condiciones laborales y salarios diferentes. El fabricante de teléfonos actuó de forma parecida. El núcleo central de la empresa se ocupó de la coordinación. Los teléfonos eran fabricados por empresas especializadas no necesariamente del propio país. El control de calidad lo subcontrató, incluso, a sus propios trabajadores, a los que previamente había despedido, con nuevos salarios y nuevas condiciones inferiores a las precedentes. Se dio el paso del trabajador por cuenta ajena al de trabajador autónomo que permitía una reducción elevada del gasto en salarios, locales, equipos, mantenimiento de los mismos, etc. Fue la segmentación de la clase obrera. Empresas con miles de trabajadores redujeron el número de empleados a unos pocos cientos. Se rompió la coherencia salarial, las condiciones laborales, los objetivos a alcanzar, etc." (Román).

La fábrica difusa es el modelo actual. Podría expresarse esquemáticamente como una estructura con un núcleo central, una sede de mando, un cerebro dirigente y multiplicidad dispersa de unidades subordinadas.

Esta estructura tiene unas implicaciones laborales de tal magnitud que trastocan totalmente el orden existente en las relaciones industriales. La primera de ellas es la dispersión total de la producción. Producción, distribución y consumo están diseminados por todo el territorio nacional o incluso por todo el mundo. La producción es realizada por pequeñas y medianas unidades productivas, cuando no se trata de autoexplotación autoorganizada. Abundantes testimonios en el sector textil, distribución de bebidas y otros muchos sectores confirman esta situación. La empresa matriz despide a los trabajadores. A continuación, los contrata como autónomos o pequeñas unidades de trabajo para seguir realizando el mismo trabajo en sus casas o locales de su propiedad o alquilados con maquinaria que estos trabajadores deben comprar, mantener, suministrar energía, etc. O repartidores de mercancías, dejan de ser trabajadores de la empresa para convertirse en autónomos dueños de su propio vehículo del que son responsables de los gastos de compra, mantenimiento, seguros, costes de combustible, etc. La matriz ahorra espacio, elimina la maquinaria propia, locales, gastos de mantenimiento, costes energéticos, conflictos laborales, etc. Los trabajadores han sido aislados los unos de los otros eliminando toda opción de negociación colectiva. Es: "aceptas las condiciones que te impongo o contrato a otro del inmenso ejército de reserva existente en cualquier parte del mundo".

En segundo lugar, emerge un desdibujamiento del tiempo de trabajo y del tiempo libre, del tiempo para sí. El salario percibido está referenciado a las unidades producidas o entregadas. El precio por unidad es muy reducido por lo que el trabajador se ve obligado a emplear más horas de las ocho reglamentarias. Por tanto, se reduce el tiempo libre. Esta pérdida de tiempo es una lanzada en el corazón de la vida. En la medida que no se controla el tiempo no se puede controlar la vida convirtiéndose ésta en un mero apéndice del trabajo, de la producción. La vida es integrada en la producción. Es la nueva esclavitud. Sin tiempo para sí, no hay vida; no hay posibilidad de construir los sueños de los que está hecha la existencia humana. Se despoja a la persona de su naturaleza humana. La vida humana sólo es el lubricante que recorre los dispositivos de la producción.

En tercer lugar, se reorganizan las funciones que cada trabajador cumple en el proceso productivo. Se establece la figura del obrero autónomo e independiente del resto de colaboradores. Se sigue avanzando hacia la individualización-aislamiento.

El siguiente paso, es la manifestación del trabajo inmaterial que ya estaba presente en todo el proceso de transformación de la producción. Se trata de un trabajo cada vez más intelectualizado, aunque capado en los aspectos de control fundamentales como el diseño y la organización que son controlados por grupos muy reducidos. Se precisa el obrero social frente al obrero masa. La característica fundamental de este nuevo obrero es la capacidad de organizar y dominar su personalidad y subjetividad en torno a las tareas que desempeña. Se fundamenta en la utilización de la información para la toma de decisiones discriminando entre las diferentes alternativas.

Transformar la estructura productiva propia del taylorismo-fordismo -la gran fábrica del obrero masa-, en esta nueva estructura de fábrica difusa ha sido posible por la metamorfosis de la composición tecnológica, por la introducción de nuevas formas de cooperación asentada sobre una amalgama de trabajo negro, trabajadores eventuales, trabajadores estables, utilización masiva de obreros autónomos, a domicilio, etc. El salto tecnológico necesario se ha ejecutado mediante la informatización, la robotización, explotación de macrodatos (inteligencia de datos), inteligencia artificial, modelización, etc. Este proceso, que sólo está en sus inicios, se puede proyectar hacia adelante para hacerse una idea de hacia dónde se encamina la nueva sociedad de la producción.

El resultado ha sido la desarticulación de la fuerza estructural del obrero masa para acabar con el contrapoder obrero de los años sesenta del siglo veinte.

Los modos de organización del trabajo son artefactos que fabrican productos mentales además de beneficios para los dueños del capital. Configuran la sociedad, la cultura, la mente. Delimitan las relaciones políticas, económicas

---

[39] M. Lazzarato y T. Negri: "Trabajo Inmaterial. Formas de vida y producción de subjetividad". Río de Janeiro, DP&A Editora. 2001.
M. Hardt y T. Negri: "Imperio", Paidós, Argentina,2002.
Deleuze, Gilles: "Post-scriptum sobre las sociedades de control", en Polis, nº 13, 2006.

y sociales, condicionan todos los ámbitos de la vida y configuran la mente porque modifican la forma de trabajar, de relacionarse y vivir[39]. Así, pues, se está transitando de la sociedad disciplinaria[40] a la sociedad de control[41].

Los sindicatos, antes de institucionalizarse[42] actuaron como fuerza de choque contra los intentos del Capital de convertir la sociedad en apéndice del sistema. A medida que fueron alcanzando el status de entidades estatales, es decir, en el momento de máximo poder, de interlocutores del gobierno, olvidaron su función principal: el contacto y organización de los trabajadores construyendo objetivos y discursos argumentales que justificaran esos ideales. Se comportaron como si ya se hubiera conseguido la sociedad sin clases, confundidos por la instauración de la democracia como base política fundamental, y ya sólo quedara negociar con los gobiernos ciertos flecos que ajustaran definitivamente la sociedad del trabajo a la situación general. Fueron ciegos a la fuerza del mercado, corruptor de la democracia y catalizador de la desigualdad. Sus dirigentes no vieron,

---

[40] Sociedad disciplinaria se refiere al conjunto de entidades, normas y sanciones para promover y regular costumbres, comportamientos, prácticas productivas, etc., con el fin de crear una sociedad habituada a la disciplina.

[41] La sociedad de control surge a posteriori a la individualización, de la ruptura del ser social, como domesticación de la mente, de la conciencia, consiguiendo que el individuo actúe como le conviene al sistema.

[42] Abandonan su función de defensa de la clase obrera y de fuerza transformadora de la sociedad para convertirse en entes para sí, orientando su acción al mantenimiento de su poder descolgados de los trabajadores.

no quisieron o no pudieron comprender el proceso que estaba destruyendo la estructura productiva en la que los sindicatos estaban incrustados. Era preludio de su desaparición como fuerza competente. La parte de los sindicatos centrada en la salud laboral fue la última resistencia promovida por sindicalistas que creyeron en sus ideales. Duró un par de décadas, para acabar siendo absorbida por las burocracias sindicales. Tampoco podía ir más allá porque la sociedad ya había cambiado y las viejas estructuras debían resurgir con nuevas formas de organización, funcionamiento y pensamiento capaces de hacer frente a la fábrica difusa.

Los sindicatos dejaron de ser entidades distribuidas en la sociedad para ser meras estructuras de subsistencia de las direcciones sindicales. Los nuevos métodos de acción sindical, necesarios para infiltrarse en el mundo segmentado y desarticulado del trabajo, no fueron desarrollados. Ni siquiera se pensó en ello. Quizá fuera imposible dado que los líderes sindicales habían subsumido los principios neoliberales más potentes y menos repulsivos. El encumbramiento del individuo.

BIBLIOGRAFÍA:

Toni Negri: "Dominio y sabotaje". Ed. El Viejo Topo. 1979.

J. O'Connor: "La crisis fiscal del Estado". Ed. Península. 1988.

Andrés Bilbao: "Obreros y ciudadanos. La desestructuración de la clase obrera". Ed. Trotta. 1993.

Pedro Montes: "El desorden neoliberal. Ed. Trotta. 1996.

Adrián Sotelo Valencia: "La reestructuración del mundo del trabajo, superexplotación y nuevos paradigmas de la organización del trabajo". Ed. Ítaca. 2003

Franco Berardi Bifo: "La fábrica de la infelicidad. Nuevas formas de trabajo y movimiento global". Ed. Traficantes de Sueños. 2003.

H. Marcuse: "El hombre unidimensional". Ed. Austral. 2016.

Daniel Bernabé: "La trampa de la diversidad: cómo el neoliberalismo fragmentó la identidad de la clase trabajadora". Ed. Akal. 2018.

Toni Negri: "De la fábrica a la metrópoli. Ensayos II". Ed. Cactus. 2020.

J.L. Villacañas: "Neoliberalismo como teología política". Ned Ed. 2020.

VI. PERSPECTIVAS/CONTEXTUALIZAR

Las transformaciones son inevitables. Va dispuesto en la naturaleza de las cosas. Toda la materia existente -las sociedades y los seres vivos son parte de esa materia- se transforma irremediablemente. Pequeñas fluctuaciones del devenir originan cambios. La transición comienza lentamente hasta alcanzar un nivel crítico, momento en el que se produce un salto cualitativo.

Tras la revolución industrial, o revoluciones industriales, la acumulación de tecnologías productivas modificaron profundamente las sociedades, sus relaciones sociales, políticas, económicas, culturales y perspectivas de existencia. Alteraron el mismo sentido de la vida. La sociedad estaba preparada para admitir las nuevas tecnologías; es más, las esperaba como salvadoras de una situación que comenzaba a resultar agobiante. Se abrió un universo de telecomunicaciones, redes sociales, nuevas formas de trabajar y de relacionarse. La transformación más profunda se produjo en la estructura productiva, tanto en las herramientas de trabajo como en la organización del mismo. Ambas forman una unidad indisoluble. La una sin la otra no puede reproducirse. Sólo los sistemas con capacidad de reproducción perviven, avanzan y se transforman.

Se puede afirmar que estas mutaciones han abierto la ruta hacia una nueva civilización donde todavía no están definidas todas las reglas ni los ejes de desplazamiento. Se intuye hacia dónde se orientan, pero no se sabrá hasta que la nueva era se encarrile. De momento aparecen tendencias en varias direcciones. La correlación de fuerzas es el juez que decidirá.

De momento se sabe que se dispone de tecnologías muy poderosas fundamentadas sobre la parte casi inmaterial de la materia, la vibración de la materia, ondas electromagnéticas, como la luz, el giro del electrón o del núcleo del átomo, o la polarización de la misma luz, no sólo sobre la misma luz o el electrón, sino ya sobre alguna de sus características.

Los nuevos materiales, que ya se están produciendo, podría decirse de ellos que poseen propiedades mágicas. Y sólo se está al principio de esta mutación.

La fábrica difusa es, pues, resultado de la metamorfosis social y tecnológica. El otro aspecto de esta unidad, tecnología-organización de la producción, son las consecuencias personales y sociales: precarización laboral, control del tiempo y, por tanto, de la vida de los individuos. No controla exclusivamente la vida del trabajador sino también la de su familia. La vida se integra en la producción a diferencia de épocas anteriores donde el trabajo era una parte de la vida siendo el medio para obtener condiciones dignas de existencia. Ahora se avanza hacia una vida que es un aspecto más de la producción. La producción es el ser supremo de la existencia. La persona es un mero apéndice, una pieza necesaria, de esta máquina. Como proceso natural de este nuevo orden se produce la transformación mental del obrero: individualismo versus solidaridad (segmentación de la clase obrera); consumidor versus ciudadano. Ha evolucionado. Ahora tiene otros intereses, otras miras y perspectivas, otros objetivos diferentes a los que tenía hace medio siglo.

Los sindicatos han sido las organizaciones que han agrupado a los trabajadores para la defensa de sus intereses: empleos dignos en salarios, jornadas, participación, progreso social y económico, servicios públicos de calidad. Como se ha visto anteriormente las transformaciones en los sistemas de producción han causado otro efecto colateral, la ineficacia de los sindicatos hasta hacerlos irrelevantes. Si en 1988 CC.OO y UGT fueron capaces, por el apoyo de todos los trabajadores, de paralizar el país, enfrentándose a un gobierno llamado de izquierdas, PSOE, para frenar la precarización del mercado de trabajo juvenil, hoy, 2022, con otro gobierno de izquierdas, siempre el PSOE, no tienen capacidad de movilizar a nadie, aunque la inflación sea superior a dos dígitos y los salarios estén relegados a mínimos históricos. No son capaces de poner en marcha una fuerza de reacción que enfrente ese empobrecimiento brutal de la clase trabajadora. Y no es sólo que no sean capaces, es que ni siquiera está en su imaginación la movilización colectiva.

"La relación histórica entre los sindicatos y los partidos de izquierda siempre ha sido fluida al tratarse de una relación entre organizaciones de clase"[43]. Esta es una puntualización correcta en lo referente a la actitud de los sindicatos. Pero no indica más que la ceguera de éstos, o la pereza a la hora de analizar la realidad. Pues los llamados partidos de izquierda no son tales. El PSOE surge a finales de los años setenta del siglo pasado tras

---

[43] Antón Saracíbar. Revista Temas, nº 184. 2021

cuarenta años desaparecido en la bruma de la dictadura. En 1982 gana las elecciones por mayoría absoluta y comienza a desmontar la industria exigiendo un enorme sacrificio a los trabajadores no para una transformación a favor de la clase obrera, por el contrario, la orientación era totalmente neoliberal. El otro partido con cierta relevancia social y política era el Partido Comunista de España (PCE, que enfrentó y resistió cuarenta años de una dura dictadura) se mantuvo en su castillo ideológico sin comprender las transformaciones sociales en curso con lo que se redujo a una fuerza política residual. A esto es a lo que los sindicatos han considerado organizaciones hermanas de izquierdas. Con semejante percepción se ha avanzado hacia el desarme ideológico y combativo de la clase obrera sometiéndola a los intereses del Capital. Los enormes sacrificios exigidos por la clase dirigente a la clase trabajadora en los años ochenta se han ampliado con más sacrificios: precariedad (nunca antes había sucedido que disponiendo de trabajo hubiera personas en situación de exclusión social), empleos indecentes (bajos salarios, abusos de jornada laboral, sin contratos, etc.), desplome de la formación obrera, necesaria para ascender laboralmente, inexistencia de políticas redistributivas y paro juvenil superior al 30 %. Otro aspecto importante, habitualmente obviado, pero de una gran trascendencia, es la participación de los empleados en las tomas de decisiones de las empresas. Paulatinamente se ha ido reduciendo hasta su eliminación del ideario laboral como un estorbo al desarrollo de los intereses de la dirección de la empresa. Lo que representaba un equilibrio de poder e intereses se ha decantado del lado contrario a los trabajadores.

La destrucción de la gran fábrica, la reconversión en estructuras fabriles más pequeñas y deslocalizadas y la segmentación de los obreros han aniquilado el sustrato sobre el que se edificaban los intereses comunes y solidarios. La derrota de la clase obrera no admite paliativos. Esta derrota explica el fracaso de la generación actual, donde se han precarizado[44], incluso, trabajos cualificados.

En medio de este proceso, se ha integrado una tecnología mucho más poderosa que todas las precedentes, basada en la manipulación de la estructura íntima de la materia, de sus estados internos, y de sus cualidades. Inteligencia artificial, autómatas humanoides, replicantes (realidad virtual simulando el mundo real para optimizar, planificar, detectar, evitar anomalías, etc.), conformarán un mundo diferente que puede ser desde una granja de esclavos dirigida por un minúsculo grupo de humanos, hasta el conjunto de la humanidad trabajando en cooperación manejando las máquinas y herramientas en condiciones democráticas de alto nivel. Depende del resultado de la composición de las fuerzas en litigio.

Para lo que interesa desde la perspectiva sindical, el cuadro que habría que pintar está enmarcado por los siguientes parámetros:

1. Partidos llamados de izquierda que son eficientes colaboradores de la implantación del

---

[44] Salarios insuficientes, inseguridad laboral, inseguridad jurídica, inestabilidad, condiciones indignas de trabajo, insalubres e inseguras, con aumento de accidentes y de enfermedades derivadas del trabajo. Son condiciones que crean lumpen, trabajadores al borde de la exclusión.

neoliberalismo en la sociedad y en las mentes individuales. Reducción del Estado, eliminación de políticas redistributivas, potenciación de las soluciones privadas frente a las colectivas.

2. Sindicatos burocratizados, supeditados a los apoyos económicos y reconocimientos institucionales para solventar problemas de interés de la clase dominante, sin un cuerpo ideológico y programático de defensa de los intereses colectivos. Ante su inanidad buscan refugio en los llamados partidos de izquierdas que los abate aún más.

3. Inexistencia de un proyecto social de izquierdas y de una corriente ideológica que lo sostenga y justifique.

4. Los sindicatos disponen de un porcentaje de afiliación considerable, pues aportan cierta seguridad a los trabajadores frente a los abusos de la patronal.

Este marco permite vislumbrar ciertas posibilidades de intervención. La primera es recuperar la autonomía. Eliminar toda relación dependiente de los partidos de izquierda. La segunda tiene relación con los perfiles dos y tres, la necesaria creación de un programa de acción social y de construcción de la ideología. Y para ello debe apoyarse en la cuarta. Es decir, en la inteligencia colectiva. Las múltiples inteligencias son más inteligentes que el más inteligente de la organización. Una inteligencia individual no puede competir con el saber distribuido. Los sindicatos disponen de este potencial, pero no saben o no quieren utilizarlo porque exige esfuerzo, trabajo y actuar sin miedo a perder el control de la organización. Gran parte de las decisiones que se toman en las organizaciones están determinadas por la necesidad del dirigente, secretario general o como se llame en cada organismo, de mantenerse en el poder y controlar los avatares de la misma. La utilización del saber distribuido, para ser eficaz, requiere de una metodología determinada, pues no produce automáticamente buenos resultados. Por lo que es preciso disponer de algún sistema de integración con procedimientos de síntesis y criterios acertados de evaluación. Esto exige, a su vez, un equipo de trabajo abierto y horizontal. Se trata de la creación de un nuevo sujeto político y social fundamentado en la inteligencia, la ampliación de la conciencia, la socialización (compartir) y el trabajo en equipo. El Yo, la libertad individual, es esencial, pero no podrá darse sin la cooperación, la construcción colectiva del pensamiento y las responsabilidades individuales y colectivas. El ser humano forma parte de un cuerpo social que está por encima de individuo. El individuo pervive en la medida que el cuerpo colectivo está lleno de vitalidad. En definitiva, se trata de la creación de un nuevo prototipo humano que cabalgue la nueva civilización cuyo sustrato será la inteligencia artificial. Tras las nuevas herramientas y formas de organizar el trabajo surgirán nuevas estructuras sociales. La humanidad precisa de la colaboración para su permanencia. Todas las creaciones pasadas, aunque se han atribuido a personas específicas son productos surgidos del conocimiento colectivo creado con las aportaciones conjuntas de individuos.

Podría decirse que son obra de la acción colectiva, de un continuo flujo de ideas y acciones de unos individuos a otros, de unas estructuras a otras.

Los sindicatos deben ser como una especie de cadena de producción cuya materia prima es la realidad social que debe ser transformada en relaciones industriales, sociales, políticas y económicas ecuánimes. La maquinaria que precisa para este cometido son las mentes, que, como toda maquinaria, debe ser alimentada y puesta a punto para hacerla funcionar[45]. Pero los sindicatos se han convertido en mecanismos de autopromoción-autoprotección. Han abandonado la actividad exterior orientándola hacia la interior de la organización para preservar el status de sus miembros. Es lo que se conoce como burocratización, es decir, el dominio de las oligarquías y de los aparatos de poder.

Esta metamorfosis es de una relevancia extraordinaria por lo que revela. Es una ley social, del mismo nivel que cualquier ley física. La segunda ley de la termodinámica indica el aumento permanente de entropía, de degeneración, esfuerzos que se pierden en la banalidad. Socialmente se puede definir como dialéctica de la historia, con el mismo poder y capacidad que la ley física. Cualquier organización en el momento inicial debe acumular fuerzas, es un organismo vivo. En un

---

[45] "Hoy, la formación sindical de los delegados, miembros de los comités de empresa y afiliados en general, no ocupa el epicentro de una estrategia sindical dirigida a fortalecer organizativamente el sindicato desde la base, mediante la formación continua y la capacitación de sus miembros". Antón Saracíbar, Revista Temas, nº. 184, 2021

determinado momento, cuando llega al desarrollo, vive de sí misma, de su autoconservación, perdiendo de vista sus motivos iniciales. Se origina una inversión entre los medios y los fines estableciéndolos como razón de su existencia. La organización, que nace demandando justicia, igualdad y libertad, se trastoca siempre en una nueva estructura de mando, en una nueva jerarquía[46]. Es una evidencia histórica. Ha surgido en todos los procesos habidos en la historia. Los idealistas, los buscadores de la utopía, siguen estando presentes. Pero sus ideas no poseen fuerza porque el dominio está en posesión de los profesionales de la gobernabilidad, los que mantienen técnicamente al sistema. Este personal de mantenimiento carece de pensamiento porque es extremadamente perturbador del orden instaurado. Posee la fuerza sin ideas, mientras que los utópicos poseen ideas sin la fuerza transformadora. Así emerge la crisis de

---

[46] "La baja afiliación repercute decisivamente en la relación de fuerzas y, desde luego, en el desarrollo de un sindicalismo de base, pegado a la realidad de las empresas y al sentir mayoritario de los trabajadores, que no se ven suficientemente representados por el movimiento sindical.

En este duro contexto se ha desarrollado una acción sindical defensiva encaminada a limitar daños, de marcado carácter institucional y basada en la consecución de grandes acuerdos. A estos factores hay que añadir los problemas derivados de una débil acción sindical en las empresas, la desmovilización de los trabajadores, la limitada presencia en las redes sociales y en movimientos emergentes, así como la falta de alternativas sindicales viables relacionadas con el desempleo y la precariedad; que han terminado por deteriorar gravemente la credibilidad de los propios sindicatos". Antón Saracíbar, Revista Temas, nº. 184, 2021

perspectiva y de identidad en todo el tejido social. La política se vacía. Como los profesionales de la gobernabilidad precisan del apoyo social para mantener su posición, el discurso necesario es metafísico, construido sobre parámetros conceptuales ajenos a la realidad, a la base material en la que se desarrolla la vida de las personas. Éstas, para satisfacer sus necesidades básicas tienen que caer una y otra vez en la materialidad, en el reconocimiento de la realidad que le aporta o sustrae los medios de existencia, por lo que se produce la desafección hacia los profesionales de la gobernabilidad. Pues aspiraciones y necesidades de la población no coinciden con el discurso metafísico de las burocracias.

Hay otra teoría, la de los "excursionistas de izquierdas", que llega a las mismas conclusiones, aunque referido a las organizaciones consideradas de izquierdas, ya sean partidos, sindicatos u otro tipo de instituciones. Los excursionistas de izquierda son personas con suficientes recursos materiales e intelectuales. Se apoyan en los movimientos sociales surgidos para alcanzar unos objetivos beneficiosos para la población, pero que ocultan el verdadero, satisfacer sus ansias de poder. Estos personajes no pueden entender los sentimientos, emociones y necesidades del pueblo, personas con recursos exiguos en conocimientos, manejo del lenguaje y de la palabra, liderazgo, economía. Provienen de estamentos sociales cuyas necesidades primarias (alimentación, vestido, vivienda) están resueltas. Sus preocupaciones y aspiraciones pertenecen a otro plano de existencia, al del desarrollo de la sensibilidad a las creaciones artísticas, conocimientos de alto nivel, refinamiento de las cualidades humanas. Mientras que la

161

mayoría de la población se desvive por alcanzar lo necesario, ni siquiera lo suficiente, para su desarrollo personal. Sólo se pueden captar la esencia de esa situación siendo uno más del pueblo. Esta es la raíz del distanciamiento pueblo-líderes. La clase trabajadora siempre se decantará por las posiciones políticas que mejor expliquen su situación y cómo superarla. En ocasiones, los excursionistas de izquierdas comprenden el desapego de los miembros de su organización. Para evitar la diáspora de los adeptos colocan en su lugar a alguien surgido de entre las masas con cierto dominio de la oratoria, manipulable, ya sea con halagos o promesas o engaños, y sumiso al posibilismo sugerido por el gurú arribado del otro lado. La historia ratifica que después de todo proceso transformador las clases populares de nuevo sufren la dominación. Los derechos y condiciones de vida prometidos se esfuman.

Las dos líneas de pensamiento conducen a una conclusión: consolidadas las organizaciones, regidas por los profesionales de la gobernabilidad (burocracia) no hay posible vuelta a los orígenes. No es factible la inversión de la historia como no es posible que el vaso despedazado contra el suelo retorne íntegro a la mesa de la que cayó. Dialéctica de la historia-entropía. Dos leyes inmutables.

Sin embargo, los utópicos, los predicadores de sociedades ideales, la alondra que sigue manifestando que el pozo puede transformarse en un mundo libre lleno de luz y color; que merece la pena arriesgarse y vivir esforzándose para crear alternativas al mundo existente que hagan posible la aparición de personas libres y autosuficientes, cuyo motor es el colaboracionismo, el esfuerzo colectivo, sólo disponen de su voz, de su mensaje. Hasta que de nuevo surja la organización que dé fuerza a estas ideas.

BIBLIOGRAFÍA:

José Luis Galán González: "La microelectrónica y el futuro del empleo." Ed. Fundesco. 1988

Richard Sennett: "La cultura del nuevo capitalismo". Ed. Anagrama. 2006

Fundación Telefónica: "El trabajo en un mundo de sistemas inteligentes". Ed. Ariel. 2015.

Fundación Telefónica: "Internet industrial. Máquinas inteligentes en un mundo de sensores" Ed. Ariel. 2016

Varios: "¿Hacia una nueva ilustración? Una década trascendente". BBVA. 2018

Varios: "La era de la perplejidad. Repensar el mundo que conocíamos". BBVA, OpenMind, Penguin Random House Grupo Editorial. 2018

Shoshana Zuboff: "La era del capitalismo de la vigilancia". Ed. Paidós. 2020

VII. FUTURO DEL SINDICALISMO

La acción sindical es necesaria en el mundo presente. No sólo en los países occidentales, sino también y coordinadamente en el resto de países. Las redes de producción y distribución son globales. En occidente han empeorado las condiciones de trabajo y de vida hasta extremos no imaginados. En otras zonas del mundo siempre fueron destructoras, algo así como en el inicio de la revolución industrial, y siguen en la misma situación sin atisbos de mejora. El movimiento sindical tiene que comprender que la defensa de la mejora de vida de la clase trabajadora ha de ser universal. Está obligado a crear redes sindicales globales. El porqué y el cómo surgirá del debate profundo sobre los ejes centrales del actual proceso productivo. Hay varias líneas y perfiles. Pero hay que centrarse en las que actualmente son las predominantes.

Cambio de civilización.

Se trata de comprender el mundo para transformarlo. Esta era, en esencia, la propuesta de Marx. Lenin, en "las tesis de abril" de 1917 da el salto en la línea de la acción: "sin teoría revolucionara no hay práctica revolucionaria". La historia se mueve lentamente hasta que la acumulación de contradicciones hace saltar por los aires lo existente, surgiendo una nueva sociedad. Caótica al principio. Estamos en el aire.

El mundo en el que Román inició su andadura laboral-sindical, ya no existe. El estrato laboral-industrial en el que surgieron los sindicatos, tampoco. Al menos en Occidente. Quinientos años de historia se ponen en cuestión. Desde que comenzó la mundialización, allá por el siglo dieciséis, con el predominio de Occidente sobre todo el mundo, han prevalecido los conocimientos, ideas, tradiciones, costumbres, valores -la cultura- occidentales. Estamos inmerso en una crisis de civilización que directamente refuta las relaciones entre capital, sociedad y planeta Tierra. Es el final de un tiempo y el nacimiento de otro totalmente diferenciado del anterior.

La crisis del capitalismo neoliberal, el declive de la cultura occidental y su dominación político militar son síntomas de esa decadencia de la supremacía de Occidente. El nuevo eje del Poder está surgiendo con fuerza arrolladora de Oriente. El mundo construido desde Europa está a punto de desaparecer tras quinientos años de hegemonía. La crisis del 2008 mostró al imperio dominante que no podía gestionar el mundo arbitrariamente. La de 2019 manifestó que había surgido una nueva potencia que, a su vez, es una gran civilización. El problema para los pueblos de la Tierra es que el imperio dominante no quiere perder su hegemonía y capitaneará una guerra para evitar el surgimiento de un mundo multipolar.

Transformaciones en los procesos de trabajo.

El sistema fordista-taylorista de producción industrial alcanzó su máximo desarrollo después de la segunda guerra mundial. Tras la crisis de 1973 se incrementa la implantación de la automatización. Cambios en los procesos de trabajo con la llegada de nuevas tecnologías de la información y la comunicación. La producción asistida por ordenador se consolida con el uso de los ordenadores personales desde inicios de los años ochenta e internet en los noventa. Se introducen modificaciones en la organización del trabajo. El toyotismo es el nuevo paradigma organizativo. En este proceso de transformación del trabajo desaparece, de forma general, el obrero especializado dando entrada al operador multifuncional, trabajo en equipo (agrupación de tareas separadas por el fordismo) y, sobre todo, surge y se impone el trabajo abstracto, el tiempo compartido y la colaboración. Esta desespecialización del trabajador fuerza un proceso de cualificación-formación para disponer de un operario polivalente. Esta nueva fuerza de trabajo debe observar los procesos de trabajo desde la perspectiva de la empresa y pensar y sentir para la misma. La identificación del trabajador con su empresa es la seña principal de su propia identidad. Con estas herramientas se generaliza la digitalización de la información. De este campo laboral emergen dos nuevas subrealidades laborales. El trabajo muerto, el que hacen las máquinas, la producción de objetos. Trabajo vivo, el procesamiento de la información y producción de significados que es realizado por colectivos de trabajadores.

Si el fordismo-taylorismo disponía de una regla no escrita, pero asumida por los actores laborales, de ocho horas de trabajo, ocho de descanso y ocho para cuestiones personales, para vivir la propia vida, en esta nueva etapa esa parcelación del tiempo desaparece, todo el tiempo está integrado en los requerimientos de la empresa, incluida la vida familiar. Se vive para la empresa. Las consecuencias personales, familiares, sociales de esta nueva situación es la transformación de la conciencia humana, de ser para sí a vivir para otra entidad abstracta, poderosa y déspota, sin sentimientos, con un único objetivo de producir cada vez más y más de prisa.

El trabajo manual ha mutado a trabajo intelectual. La actuación fundamental del proceso productivo es el saber general. Éste es el principal recurso productor. La naturaleza de la actual fuerza de trabajo es la intelectualidad de masas. El desarrollo productivo surgido de las tecnologías de la información y la comunicación ha acarreado que todos los trabajadores aporten sus facultades afectivas, cognitivas y colaborativas.

Es un trabajo que crea, además de bienes materiales, bienes inmateriales como conocimientos, información, relaciones sociales o una respuesta emocional. Y, como colofón, la propia vida social. En términos cualitativos, este trabajo abstracto, inmaterial, es hegemónico, marca el rumbo a las demás formas de trabajos y a la misma sociedad.

Esta formidable capacidad que podría haber sido aprovechado por el Capital ha devenido en una profunda crisis del sistema. Por dos motivos fundamentales. Uno, por el miedo de los empresarios a perder el control del advenimiento de una nueva realidad. Dos, por su incapacidad manifiesta de gestión por la propia endogamia reproductiva y su egoísmo enfermizo del todo para uno. El conflicto subsiguiente, fuerzas productivas-control y gestión por el Capital, no ha dispuesto de una síntesis constructiva por falta de una inteligencia creadora en ninguno de los dos aspectos de la contradicción.

Comprender el trabajo para modificarlo.

El trabajo es un proceso complejo de organización y unificación de voluntades, de mandos y obediencias, de interrelaciones y toma de decisiones, de estructuras y jerarquía, de cooperación y sometimiento, de satisfacción por la elaboración de productos (el orgullo del artesano), y fatiga que agota y enferma. Y de silencio de la inmensa mayoría del colectivo laboral.

Podría decirse que estas características son el envoltorio de un proceso de fabricación de materiales e ideas, ambos productos surgidos de la actividad humana. Es preciso entender este conjunto de interrelaciones pues son las determinantes en el desarrollo del trabajo. Pero no se puede obviar el factor humano, cómo inciden sobre la mente, los sentimientos y emociones de los que ejecutan los comandos oportunos para que al final surja la pieza diseñada. Al fin y al cabo, interesa la persona, el ser humano sometido a esas reglas de producción.

El fordismo, la producción en serie, es un modelo agotado y ha dado entrada a la producción específica, a demanda del consumidor. Este nuevo modelo requiere explícitamente la inteligencia obrera reconociendo la importancia y el papel de la subjetividad de cada individuo. A su vez, emerge en los mandos el miedo a perder el control contrarrestando el potencial creador del colectivo productor. La empresa queda a merced de gerentes desconectados de la realidad productiva, economistas sin ninguna experiencia industrial, ni social, ni humana para los que las personas son meros números de suma y sustracción. Números que indican los beneficios para los dueños de la empresa, los accionistas. En sus balances no figuran las reducciones de plantilla, la intensificación del trabajo, ni la prolongación de la jornada, ni las condiciones materiales de existencia de los trabajadores. La marginación de los operarios que conocen los pormenores de la producción es habitual si se precisa para dar validez a los números del administrador desconectados de la realidad.

Esta gestión de la empresa ha eliminado la capacidad de maniobra individual y colectiva sometiendo a los trabajadores a una tensión física y mental destructora. Todo individuo precisa recuperar un mínimo tiempo para sí, aislado del acontecer continuo para recuperar las fuerzas y la mente. Esto ha sido barrido del mundo laboral exigiendo la atención y dedicación plena a la labor encomendada, al servicio de la empresa el día completo, el mes completo, el año completo. El trabajador no controla su tiempo por lo que no controla su vida. Luego, ¿qué es? ¿Robot? ¿Esclavo? O, ¿la forma de trabajar está generando muertos vivientes?

Para comprender los efectos y significados del trabajo debe valorarse:

1. Los finos hilos que unen la acción laboral con los sentimientos y las emociones individuales y colectivamente.

2. Las propiedades emergentes. Unas pocas directrices básicas para cada individuo de la organización pueden producir un super organismo capaz de desarrollar estructuras portentosas o su contrario[47].

3. Democracia económica. Los trabajadores deben tener el control de su propio destino, es decir, de la empresa, en lugar de los accionistas que son los que actualmente deciden. Los accionistas invierten no por su propia capacidad de exprimir a los trabajadores sino porque confían en las capacidades de estos.

4. La colaboración y la creatividad. "De la ciencia y la técnica ha emergido una nueva forma de pensar y hacer. Uno de los ejemplos más significativos es el de la comunidad del software libre. Donde la toma de decisiones es distribuida y las jerarquías de mando difusas. Poniendo el fruto de su trabajo a disposición de todo el mundo sin esperar nada a cambio, aun sabiendo que el reconocimiento quedará en círculos muy limitados, han reivindicado el espíritu creativo y colaborativo innato en el ser humano desprovisto

---

[47] David Christian, profesor de historia en Universidad Macquarie, Sídney.

de todo interés material. Con ello socavan el soporte ideológico del neoliberalismo"[48]

Acción sindical en una nueva sociedad

Las condiciones iniciales del obrero del inicio de esta historia ya no existen. El sustrato industrial, social, económico y político del que surgió el sindicalismo ha desaparecido. Es evidentes que las antiguas organizaciones sindicales pertenecen ya a la arqueología industrial. Los procedimientos arcaicos de defensa de las condiciones de vida y trabajo de las clases sometidas son inservibles en el nuevo contesto material (científico, técnico, laboral, organizacional, social, ...).

Los sindicatos se han movilizado por reducir el número de horas, las subidas salariales y, en menor medida, controlar las condiciones de trabajo. Pero no se han acercado a la organización del trabajo, a lo que pasa dentro del proceso de producción, a lo que se produce y cómo se produce. Menos aún se han aproximado al individuo, a cómo vive y siente el trabajo y las relaciones laborales. Cómo está donde respira. Los conflictos laborales siguen regulados por la negociación colectiva. Pero el aumento de suicidios de trabajadores indica que el conflicto se ha trasladado al interior del individuo. Es síntoma de los cambios que se han producido en el mundo del trabajo. Entre otros la fuerte tendencia a convertir al asalariado en patrón de sí mismo (formación por su propia cuenta, traslado del trabajo a casa, etc.).

---

[48] Ciro Moreno Ramírez, profesor de ingeniería en Universidad Nebrija, Madrid.

Los sindicatos españoles siguen anclados organizativamente en el siglo XX. Su estructura de congresos, consejos, comisiones ejecutivas, secciones sindicales siguen intactas asentadas sobre las grandes empresas y la administración de donde obtienen los delegados sindicales y liberados para la acción sindical. El sistema de selección de cuadros y construcción de direcciones sindicales sigue las pautas operativas del siglo anterior. En el campo ideológico no sólo no se ha avanzado definiendo los nuevos conflictos surgidos en la sociedad de la información e informatización, sino que se ha retrocedido a la admisión de los postulados políticos neoliberales. Siguen viviendo de las tradiciones heredadas, consolidando y aumentando los intereses del aparato y de la burocracia[49], insertados en la dinámica institucional de la que dependen y a la que sirven para mantener su estatus de agentes sociales interpuestos entre el poder y los trabajadores, con lo que han perdido su identidad como agentes del movimiento obrero.

Sumidos en estas dinámicas no han sido informados o han postergado los grandes problemas surgidos en la sociedad:

- Profundas transformaciones de la economía por la internacionalización de la misma.

- El surgimiento de multinacionales más poderosas que los Estados, cuya velocidad de crecimiento obliga a éstos a implantar las legislaciones que convienen a estas grandes

---

[49] La burocracia es la encargada del mantenimiento del artilugio de gestión para mantener el control y el dominio de la organización.

empresas, normalmente no coincidentes con los intereses de los trabajadores ni de las sociedades. La metamorfosis de la gran empresa, con multitud de empleados con las mismas condiciones laborales, en fábricas difusas (una sede de mando con un centro dirigente y multiplicidad de unidades subordinadas dispersas por todo el planeta, subcontratación, cadenas globales de valor, empresas red, …) cuyos empleados tienen contratos diversificados tanto en salarios como en condiciones laborales, horarios, descanso, etc. La clase obrera ha sido segmentada, dividida, parcelada, confundida y seducida para el consumo, superación falsa de las contradicciones de clase. Se desdibujaron los objetivos colectivos, proyectos unificadores de voluntades.

- La irrupción de potentes tecnologías abriendo paso a una profunda transformación de los medios y herramientas de producción que han modificado radicalmente las relaciones de producción.

Este nuevo hábitat productivo ha superado la dialéctica Capital-Trabajo sobre la que nacieron los sindicatos. En su lugar se ha establecido la mundialización y los algoritmos (construcción de esquemas matemáticos que resuelven problemas y/o infieren posibilidades), responsables de la inteligencia artificial, del Big Data (análisis de grandes cantidades de datos) que es la nueva minería no ya de materias primas sino de conocimiento humano-social bien sea para la producción y venta de productos, como para el control de la población. La nueva materia prima es la conciencia humana, sus intereses, emociones, aspiraciones, miedos. Por aquí se desenvuelven las nuevas dinámicas del tejido productivo.

Parece que comienza a surgir una nueva clase social: los trabajadores sin empresa.

El cuerpo ideológico se ha quebrado porque fue construido sobre otras configuraciones productivas de las que emanaron otras estructuras sociales que no son las actuales. Sin cuerpo ideológico, sin proyecto social, es imposible orientar la acción sindical para aunar las voluntades individuales y organizar las fuerzas transformadoras de la sociedad.

¿Son conscientes, o están trabajando en ello, de la necesidad imperiosa de armar una ideología sobre las bases de la democracia (inteligencia colectiva, participación en todos los niveles), de la igualdad y la solidaridad con un marco de referencia y de valores alternativos combinando los valores antiguos con otros propios de esta época?

¿Cuál sería el rotor sobre el que construir la ideología y la correspondiente acción sindical?

El gran problema social ahora, S.XXI, es la desigualdad[50]. Indudablemente, la desigualdad no se constriñe al ámbito económico, toca todos los aspectos de la

---

[50] En Europa, el 10 % de la población acapara el 89 % de la propiedad privada. (Piketty)

sociedad. Por esto mismo es un tema potente para una organización como CC.OO que se define como sindicato socio político. Es, además, no sólo un problema de justicia, sino también de eficiencia económica por lo que abarcaría otros temas cruciales como los medioambientales (economía circular, reciclaje, energía, etc.).

La desigualdad no es sólo un problema de orden económico es sobre todo el conjunto de problemas emergidos por el cambio de las relaciones entre las personas. Los países con mayores desigualdades tienen situaciones peores de bienestar, como mala alimentación, más enfermedades (multiplica por tres los trastornos mentales, por ocho los embarazos juveniles, por diez el consumo de drogas)[51], mayor fracaso escolar, inseguridad ciudadana por aumento de robos, atracos, miedo, sensación de peligro, menor confianza en el otro, etc.

La desigualdad corroe la sociedad. La misma democracia se deteriora por desinterés social reduciéndose la participación ciudadana en la gestión colectiva. En las sociedades desiguales el factor estatus social es muy relevante por lo que se potencia al individuo y la competencia desplazando lo colectivo y la colaboración. La humanidad ha avanzado mediante la colaboración y

---

[51] www.equalitytrust.org.uk "trabaja para mejorar la calidad de vida en el Reino Unido mediante el desmantelamiento de las desigualdades estructurales". La salud es una función de la renta, de la cultura, de la política y de las relaciones sociales. Depende del modelo de vida.

ha retrocedido en los mementos en que ha predominado la competencia.

Los problemas sociales no se resuelven con mayor riqueza sino con un mejor reparto. Los problemas no se solucionan, aunque toda la población se volviera más rica, si se mantiene la desigualdad. Se trata de optimizar la relación Capital-Trabajo haciéndola menor a uno. Por el bien de todos. La desigualdad empapa a toda la sociedad, aunque afecta más profundamente a las clases más bajas.

Otros dos efectos de los que no se pueden huir son las consecuencias sobre la infancia, que determinará toda su vida, y el otro, más metafísico por lo mismo extremadamente importante, es la falta o pérdida de respeto por uno mismo y por los demás.

El otro polo de este eje, es el de la propiedad de los medios de producción. Las grandes corporaciones tienen en sus idearios el eufemístico tema de "responsabilidad social corporativa", como un valor añadido a sus productos, pero sin efectividad alguna. Las corporaciones surgen y producen en contextos sociales y políticos determinados de los que obtienen desde la mano de obra cualificada por el Estado con los impuestos de todos los ciudadanos, hasta las infraestructuras pasando por la cultura y hábitos de la población que son los que ponen en valor sus productos. Por tanto, las empresas son de sus propietarios, pero sólo en parte. Extraen recursos de las poblaciones donde se asientan sin aportar nada a cambio de ello excepto los puestos de trabajo que crean que, a veces, ni siquiera son del lugar donde se asientan ni son reconocidos como se debiera. Es labor del nuevo sindicalismo corregir esta aberración buscando el equilibrio entre esa propiedad privada y las contribuciones de la sociedad a ese desarrollo. Es inadmisible que un grupo de "expertos" tomen las decisiones de la corporación. "Expertos" cuya función principal es elevar la tasa de ganancia para ellos y para los accionistas a costa de los trabajadores. Son "expertos" en números, pero desconocen absolutamente los procesos de trabajo y a aquellos que los desarrollan. No puede seguir por más tiempo que la democracia de las sociedades avanzadas termine a la puerta de las empresas.

Lo que abre la acción a un ámbito siempre presente y siempre determinante de los procesos sociales: el Mercado. En nombre del Mercado, un dios moderno, absoluto, cruel y déspota como todos los dioses que han sido desde la antigüedad, se permite y respecta las decisiones impuestas por las corporaciones más poderosas globalizadas y los gobiernos que trabajan para ellas. Corporaciones y gobiernos son los pilares del Mercado. En nombre de la libertad. De una libertad que alimenta la servidumbre y la opresión de la población.

Conquistada la democracia siempre queda el duelo contra ese Mercado autócrata, causante del deterioro de la sociedad y obstáculo para el desarrollo de las capacidades personales y colectivas. Acotar las tendencias execrables del mercado es una necesidad ineludible.

Construir el cuerpo ideológico y de valores. Difundirlo mediante debates colectivos hasta convertirlo en sentido común. Es el camino para la hegemonía cultural. Sin esta hegemonía no hay cambio.

"Tuvimos el valor de pensar en contra del sentido común, de la opinión generalizada. La curiosidad nos guio" (Román).

BIBLIOGRAFÍA

Radovan Richta: "La civilización en la encrucijada". Ed. Ayuso. 1974.

Harry Braverman: "Trabajo y capital monopolista". Ed. Nuestro Tiempo. 1981

Carlos Mª. Romeo Casabona: "Poder informático y seguridad jurídica. Función tutelar del derecho penal anta las nuevas tecnologías de la información". Ed. Fundesco. 1988.

JJ Castillo, MJ Zozaya, A Alas-Pumariño, M Santos: "La división del trabajo entre empresas: las condiciones de trabajo en las pequeñas y medianas empresas de la electrónica y del mueble en Madrid": Ed. Ministerio de Trabajo y Seguridad Social, Centro de Publicaciones.1989.

Albert Recio: "Acción sindical en una sociedad compleja: interrogantes, reflexiones y sugerencias sobre el futuro sindical". Mientras Tanto. No. 38. Ediciones de Intervención Cultural. 1989.

Michael J.Piore, Charles F.Sabel: "La segunda ruptura industrial". Ed. Alianza. 1990.

Lucila Finkel: "La organización social del trabajo". (2ª ed.). Ed. Pirámide. 1996

Benjamin Coriat: "Pensar al revés. Trabajo y organización en la empresa japonesa". Ed. S.XXI. 1998.

Benjamín Coriat: "El taller y el cronómetro". Ed. S. XXI. 1991

Benjamín Coriat: "El taller y el robot. Ensayos sobre el fordismo y la producción en masa" Ed. S. XXI. 1993.

Jeremy Rifkin: "El fin del trabajo. Nuevas tecnologías contra puestos de trabajo: El nacimiento de una nueva era". Editorial: Paidós, 1999.

Martha Roldán: "¿Globalización o mundialización ?: teoría y práctica de procesos productivos y asimetrías de género. (Mundo contemporáneo). Editorial Universitaria de Buenos Aires. EUDEBA, Buenos Aires, 2000

Fabio Boscherini, Marta Novick, Gabriel Yoguel: "Nuevas tecnologías de información y comunicación". Miño y Dávila Editores. 2003

Robert Linhart: "De cadenas y de hombres". Ed. Siglo XXI. 2003

Julio César Neffa: "Los paradigmas productivos tayloristia y fordista y su crisis una contribución a su estudio desde la teoría de la regulación". Ed, Lumen, Argentina. 2003

François Vatin: Organización del trabajo y economía de las empresas y El trabajo: economía y física. Ed. Lumen. 2004.

Julio Iglesia de Ussel y Manuel Herrera Gómez: "Teorías sociológicas de la acción". Ed. Tecnos. 2005.

Juan J. Castillo: "El trabajo fluido en la sociedad de la información: organización y división del trabajo en las fábricas de software". Ed. Miño y Dávila. 2007.

JJ Castillo, I Agulló: "Trabajo y vida en la sociedad de la información: un distrito tecnológico en el norte de Madrid". Ed. Catarata. 2012

Slavoj Zizek: "La nueva lucha de clases. Los refugiados y el terror". Ed. Anagrama. 2016

Taichi Ohno: "El Sistema de Producción Toyota: Mas allá de la producción a gran escala" Ed. Routledge. 2018

Marcos Dantas: Información, capital y trabajo. *Escribanía*, (9), 21–48. 2018. Recuperado a partir de:

https://revistasum.umanizales.edu.co/ojs/index.php/escribania/article/view/2971.

Thomas Piketty: "Una breve historia de la igualdad". Ed. Deusto, 2021

"AQUELLOS DISCURSOS TRAJERON ESTAS SEGREGACIONES

Primero, el señor Solana habló de cambio de cultura empresarial. Estaba americanizado y nadie quiso sospechar de sus pretensiones.

Luego, un gobierno PSOE nos ofreció como regalo a Europa.

Como, por fin, éramos europeos, muy pocas voces gritaron "peligro".

A continuación, comenzaron los sermones del gobierno PSOE y del coro de empresarios: "obreros, trabajadoras, hay que ser competitivos, aumentad la productividad".

Hasta los sindicatos se convencieron: "trabajadores, seamos competitivos, produzcamos más para que la empresa pueda mantener el empleo".

Los trabajadores y trabajadoras tuvieron fe y creyeron: la reestructuración de los Grupos Laborales y la reconversión de la ITP fueron ofrecidas como pasos importantes para ser competitivos en un futuro que ya ha llegado.

Se perdieron derechos importantes, pero no importó. ¿Cómo nos iba a abandonar la madre empresa?

Más tarde, en 1994, se firmó el convenio colectivo que permitía a la empresa realizar sus antojos con respecto a los trabajadores. Hay que ser competitivos.

Silencios. Durante largo tiempo sólo se escuchó el silencio.

Y, de repente, llegaron los europeos, nos quitarían el negocio.

Telefónica se rompió en ocho pedazos. Así le convenía a la empresa. Tenía un gran mercado, pingües beneficios y unos sindicatos y trabajadores sometidos a su voluntad.

Pero el monstruo Telefónica quería más despojos. La amenaza europea fue la gran estratagema para realizar la partición y a continuación fagocitar los derechos de los trabajadores y trabajadoras.

Las pocas voces que se alzaron gritando el peligro, fueron despreciadas.

Ahora, cuando te jubilen a los 58 años, cuando te animen para que dejes el trabajo (claro, te pagarán 30 días por cada año de tu vida que diste a la empresa), cuando tu puesto ya no es seguro, incluso ahora sigues creyendo que es necesario porque llegaron las telefónicas europeas.

Todavía no has comprendido que en la sociedad hay tres clases de personas:

 los que están arriba, es decir, encima,

 los que están abajo, debajo

 y los que ayudan a los de arriba a pisotear a los de abajo.

También están los que piensan que el pie que calza la bota que aplasta debe ser arrancado.

Ahora ya es tarde para muchas cosas. Pero no para las que ves venir y que no han llegado.

Aunque sólo sea por dignidad, grítales NO al que quiere despojarte de tus derechos. Grita

aún más fuerte al que pretende convencerte de lo inevitable. Grita hasta reventarle los oídos al que te tranquiliza".

GASPAR.

(LA MOSCA. Revista nº 7, diciembre 1994-enero1995)

Printed in Great Britain
by Amazon

13190951R00108